Modified Grounded Theory Approach

健康マイノリティの発見

標美奈子
著

弘文堂

はじめに

事の発端は、二五年ほど前になる。保健師として仕事をしていた私は、家庭訪問先で認知症の義母を介護する嫁から、「こういう状態でも家で看るのがいいのでしょうか」と聞かれた。当時は、専門家にも〝老人性痴呆〟の理解が不十分で利用できる社会資源はほとんどなく、家族が試行錯誤しながら在宅生活を維持していくしかなかった。家で介護ができなくなると、精神病院に入院するか高齢者の施設に入所し、短期間で亡くなっていく人たちを見聞きしてきた。七〇歳代の義母は、失禁と夜間せん妄が始まり、嫁の介護が大変になってきたと思いながらも「家で看るのがお義母さんにとって一番いい」と答えた。それに対し嫁は、「やはりそうなのですね。でも私の人生はどうなるのかしら……」とつぶやいたのである。その言葉に一瞬ぎょっとし、返す言葉が見つからなかった。

一人暮らしをしていた義母が、転倒して大腿骨を骨折し、入院中に認知症の症状が始まり、退院と同時に同居することになった。嫁は熱心に介護していたが、徐々に進行していく認知症の症状に、この先どうなるのか不安で質問したのだろう。今までの家庭訪問でも、義母の入浴の介助で腰を痛めそれ以来腰痛が続いていること、嫁の姿が見えないと昼夜問わず大声で呼び夜も眠れないこと、子どもが受験を控えているが、家の中がいつも落ち着かず、勉強に影響をするのではないかと心配していること、子どもが大学に入学したら、子育てで中断していた仕事を再開するという第二の人生を計画していることを聞いていた。それなのに、〝介護しているのだから仕方ない〟と訴えを聞き流し、嫁の人生など考えたことがなかったのである。

そうして見回してみると、体が続く限りは私が看なければ、と一〇年も高齢の体に鞭打って夫を介護している妻、徘徊が始まり病院に行っている時間がないと、持病の高血圧の治療を中断して舅を介護している嫁、昼夜逆転の生活で、不眠と過労で今にも倒れそうな状態で介護している人たちの顔が目に浮かび、「一度でいいからゆっくり眠りたい」「生きがいだった仕事をやめた」という声がよみがえってきた。

認知症者の介護は、介護者の予想をはるかに超えたものだっただろう。「何も食べさせてもらえない」と近所に訴えてまわり、食器を洋式便器の中で洗い、嫁に通帳を取られたと交番に駆け込み、タクシーで徘徊をする。今までの介護者の経験では予測のつかない行動だった。病気による症状だとわかっていても度重なる言動に振り回され、介護者の心身は消耗していった。特に、家族以外の周囲の人たちに影響が及ぶようになると、介護者のストレスはさらに増大していた。それに対し、具体的な対応方法や介護者をサポートする手立てを提供できなかった。

一九八〇年代当時は、寝たきり老人対策に重点がおかれていたそれまでの老人対策から、認知症者とその介護者の問題が、老人対策の中心課題として取り上げられるようになっていた。しかし、認知症者に対する社会的サービスはわずかしかなく、認知症者の在宅生活は、家族に依存しなければ成り立たなかった。私は、それを知りながら介護者に頑張ってもらうしかないと諦めていたのである。この嫁の一言により、介護を継続していくことが、どれだけ介護者自身の心身の健康や生活、さらには人生に影響を及ぼすことになるのか、社会的支援の不足を家族が担うことで、認知症者や介護者の問題が隠れて見えなくなっているという現実を突きつけられた。介護者の生活や健康は一体誰が護っていくのか、誰がこの現実を明らかにしていくのか、大きな課題を与えられたと思った。

時を経て、数年前に認知症者の介護者から与えられたメッセージが沸々とよみがえってくる体験をした。地域作業所に通う自閉症者と母親との出会いである。地域作業所には時々訪れ、利用者の健康状態を聞いたり年一回の健診場面に同行させてもらったりしていた。そこの職員から、利用者の中には健診を嫌がってうまく受けられない人がいることや、健診結果に異常があっても改善することが難しいことを聞いていた。また、送迎のために同行してくる親も高齢化してきており、健康状態が懸念されることから、地域作業所に通う自閉症者と母親の健康状態についてアンケート調査とインタビューを行った。

その結果からわかったことは、虫歯や発熱など体調不良で受診したときに、医療職から「言ってもわからない」と何度も診察を断られ、「子どものしつけをしてから来い」と言われ、待合室で受けた周囲の冷たい視線に、受診すること自体をためらう気持ちになっていく母親の姿であった。障害の特性ばかりでなく医療職の無理解による受診の難しさ、自ら訴えることができない子どもの病気の発見や生活改善の難しさ、入院は個室で複数の付き添いが必要になるという受け入れの問題など、自閉症者の健康を護っていく取り組みの欠如があった。

母親自身の健康もまた、体調不良を感じながら、送迎の時間が気になる、お世話を代わってくれる人がいない、気持ちの余裕がない、などの理由で受診を諦めている人たちがいた。母親に生活上の希望を聞くと、半数以上の人が、「からだの具合が悪いときゆっくり休みたい」と答えており、体調が悪くても休むわけにはいかないほど厳しい日々の生活があることがわかった。これは仕方がないことなのだろうか。

現在、成人に成長している自閉症者が生まれたころは、自閉症の診断がようやく定着しはじめた時期で、自閉症に対する療育や教育の体制は整っているとは言えず、家族を支援する保健・福祉サービスは非常に少なかった時代である。自閉症者の母親は、コミュニケーションがとれず、予測できないわが子の行動に翻弄され、時間的にも精神的・身体的にも制約されながら、自分がみるしかない状況の中で子ども優先の生活を送ってきたのである。母親が淡々と語ったこの生活の現実を明らかにしていかなければいけないと思った。

地域には、健康へのケアを必要とする状況がありながら、その問題が顕在化しにくい、あるいはケアの対象として意識されない人たちがいる。たとえば、認知症者や自閉症者など、一見健康に見え、意思の疎通が難しく自ら訴えることができない場合である。自閉症者の場合、健診の結果に肥満や高脂血症、高血圧などがあり、生活改善への指導が必要であっても、本人に理解してもらうのは難しいと、家族に検査結果を伝えるだけに終わっている現状がある。つまり、ケアの対象から外されているのである。

介護者もまた同様である。長期間の介護で健康問題が生じている、あるいは生じることが予測されるにもかかわらず、〝介護〟という隠れ蓑で健康問題が二次的問題となってしまう場合である。これは過去の問題ではなく、介護保険制度や発達障害者支援法、障害者自立支援法など、高齢者や認知症者、障害児・者を支援する現在の体制の中にあってもなお、日常的に起こっていることである。制度の狭間を埋めるために、介護者がその役割を担っているにもかかわらず、家庭の中で行われていることであるが故に、その家の問題、個人的な問題とされてしまうのである。重症心身障害児や難病等、社会的制度や支援体制が不充分で、家族にケアを任せざるを得ない場合も同様である。

保健師は、公衆衛生看護を担う職種である。公衆衛生看護は、健康問題を社会的な条件の中で捉え、潜在化している問題を顕在化し、将来を予測しながら予防的・組織的な活動を行っていくところに大きな役割がある。その活動は、健康問題や課題をもつ住民一人ひとりの生活実態と深く出会い、そこにある厳しい現実を直視すること抜きには実現しない。しかし、地域保健法施行以降、保健師は家庭訪問や相談活動など対象者と直接的に出会い、生活の現実を見ることで地域の共通した問題を汲み取っていくという機能が損なわれている気がしてならない。ましてや、自ら意思を表明できない状況におかれている人たちの健康は問題にすら上がってこない。住民から遠のくところに真のケアは生まれない。もう一度、地域住民の一人ひとりに目を向けて、その現実を直視する必要があると考えている。

本著では、認知症者の介護者と自閉症者の母親の長年の生活体験をもとにしながら、社会のありようで、自分がみるしかない状況に追い込まれた人たちの介護の実状と健康問題を明らかにし、それを真正面にすえてケアのあり方を考えていきたい。

なお、本書でいう自閉症者とは、知的障害を伴う人のことである。

健康マイノリティの発見◎もくじ

第2章 コミュニケーション障害を持つ人の介護・養育体験 045

第 1 章

健康マイノリティへの視座

私たち一人ひとりの命や健康は私たち自身のものであるのだが、それを護り維持していくことは個人の努力や意思だけで成し遂げられるものではない。端的な例でいえば、戦争が及ぼす生命への影響、国の経済状態による飢餓や環境の悪さによる感染症の蔓延が健康に及ぼす影響、経済的には豊かでも大気汚染や車社会、飽食やストレス、長時間労働が健康に及ぼす影響など、個人を取り巻く様々な社会的環境の影響を抜きに考えていくことはできない。〝健康問題は社会的問題である〟といわれる所以である。

そう考えると、人々の命や健康は国の政策や経済、環境や制度など様々な社会的条件により大きく影響されることになる。特に経済的な競争の激化は、その波に乗れない人たちが社会に取り残されるという結果を生んでいくことになる。ノーマライゼーションの理念からいえば、たとえ障害があっても他の人と同じようにあたり前の生活が実現するようにサポートを受ける権利があるのである。病気や障害をもちながらの暮らしは、そのような人たちを支えていく社会のありようによって、暮らしやすくもなり暮らしにくくもなるのである。社会的な支援体制の充実を図るには、その渦中にいる人や体験者の声に耳を傾け、現状の問題や要望を受け止め、施策に反映していく取り組みが不可欠である。

健康マイノリティとは、その人たちの健康問題が現にそこにありながら、社会的に解決すべき問題として取り上げられない状態のことである。その理由として考えられることは、健康問題が限られた人の問題であること、病気や障害をもつ人たちや家族が自ら声を発することができないというパワーレスな状態におかれていることなどがある。保健師には、地域住民の狭間にある声なき声を顕在化して、人々の健康をまもっていく役割が期待されている。

1　見えないものと見えるもの

二十数年前、保健所で認知症者の家族会を発足させることを目指し、介護者の集いを開催することにした。それまでに私は家庭訪問を通して何人もの介護者に出会ってきたが、昼夜問わず目が離せない認知症者を前に、介護者が一人で孤軍奮闘し介護生活に埋没していく姿を見てきた。また、介護のために友人との付き合いや趣味の会をあきらめ、子どものPTAや自治会の活動にも欠席するようになり、介護者が孤立していく様子が気になっていた。介護そのものをやめるわけにはいかないが、せめて介護者が孤立しないように同じ立場にいる人同士が集まり、具体的な介護の知恵や工夫を交換し合い、悩みを共有しながら安心して話せる仲間との出会いの場を私はつくりたかった。

そうはいっても日々介護に明け暮れている人たちに出席をしてもらえるだろうか、そしてどのような場にすれば集まってくれる人が参加してよかったと思える場になるのだろうか。保健所の保健師は、この機会に改めて自分の担当地域の認知症介護者に家庭訪問をし、介護を始めてから今までの間にどのようなことに戸惑いや悩みがあったのか、何が一番大変なことだったのかじっくり聞いてみることにした。その上で集いの方向性を検討しようと考えた。その家庭訪問で驚いたのである。

私がはじめにお訪ねしたのは、今までに何回も家庭訪問している人で、「介護は大変だけれど、やさしいおばあちゃんだったから一生懸命お世話したいと思います」といつも言い、認知症についても熱心に勉強をしていた。私が、一番上手に介護をしているお嫁さんだと思っていた人である。今日は、あなた自身が介護を通して経験してきたことと、その時々のお気持ちをうかがいたい、と切り出すと、「えっ、私のことですか」と、はじめは戸惑いながらもポツリポツリと話し出し、気がつけば一時間半が経過していた。その内容は、今までの家庭訪問では一度も聞いたことのなかった介護上の葛藤や怒り、悲しみだった。気丈に見えたお嫁さんの日々の生活は、夫や小姑たちの言葉に傷つき、おだやかだった義母の言動に戸惑い、昼夜逆転の生活にいつまで介護が続くのか、という不安を心の中にもっていたのである。

今までの家庭訪問で、何故このようなお嫁さんの気持ちを聞くことができなかったのか、愕然としながら自分の訪問を振り返ってみた。そして思い当たったのである。お嫁さんと会って話を聞いてはいても、私の関心や視線は、義母の認知症の症状や食事・睡眠・入浴などの日常生活が維持できているかどうかであり、義母の行動や症状に対する嫁の対応がうまくいっているかどうかだったのである。嫁の健康状態も確認していたが、それは〝介護する人〟として心配していたのだ。そして嫁も、保健師は義母のことで訪問してくるのであり、自分は嫁で、介護をするのは当たり前、愚痴めいたことは話せない、と思っていたのである。

そうして他の人の家庭訪問を重ねていってみると、どの介護者も「こんなこと話してもいいのですか」「自分の事を聞かれるのは初めて」といいながら、堰をきったように話し出した。この、介護者の気持ちを聴く家庭訪問から、介護者が介護をすることでどのような経験をすることになるのか、いくつか共通した内容が浮かび上がり、改めて認知症の人を介護する生活がどのようなものなのか実感することができた。

共通した介護の実情とは、一つは、話を聞いてほしい、気持ちをわかってほしい、という介護者の思いである。認知症者の言動は、嫁に貯金通帳をとられた、今食事が終わったばかりなのに、食事をまだ食べていない、いつもどおり車で買い物に行き運転している途中で迷子になるなど、介護者の今までの常識や経験では理解できない出来事であり、いわれのない疑いをかけられることもある。それが日常的に繰り返されていくのである。それらの言動は、いつもそばにいる介護者に一番よく現れ、同居している他の家族や親族に話してもなかなか理解されなかった。俺の親の悪口を言うつもりか、そんなばかな、介護の仕方が悪いと、とりあってもらえないばかりか、介護者が責められ他の家族との関係がギクシャクすることもあった。そのような体験をすると、介護者は、誰かに話したい、わかってほしい、という思いを持ちながら、誰も私の気持ちはわかってくれない、という気持ちになり心を閉ざしていた。

もう一つは認知症そのものに対する理解の不十分さで、当時は専門職にも十分理解されているとは言えず、たとえ診断されても治療方法はなく、具体的な対応方法を教えてもらうことができなかった。介護者は認知症者の言動が理解できず戸惑いながら目の前のことに対応していくしかなかった。家族や近隣の住民の人たちも、認知症がよくわからないまま〝よい介護〟を介護者に期待し、それが介護者へのプレッシャーになっていった。

三つ目は、社会的なサービスの量的・質的問題である。ある介護者は不眠が続き、このままでは倒れてしまうと思い、勇気を振り絞ってショートステイの利用を相談しに福祉を訪れた。その時に、窓口の人に「元気そうじゃないですか」といわれたのである。別の介護者は、実家の親が急病で入院し見舞いに行きたいと思ってショートステイの利用を相談すると「三か月は待ちますよ」といわれ、倒れないとサービスは利用できないのか、いざというときに役に立たない、緊急だから相談に来ているのに、という気持ちになり、他の人は頼れない、自分が看るしかないという思いを強くしていった。

当時は介護保険制度もまだなく、認知症に対するサービスが未整備だったという時代背景もあるが、このような経験が介護者の社会的な支援に対する失望を生み出していった。保健師の家庭訪問に対しても、「何度も同じことを言うので本当にイライラする、と訴えると、ご本人は今言ったことをすぐ忘れてしまう。それが認知症の特徴。いつも初めてのつもりで言っているのだから、聞く側もイライラしないで聞いてあげてください、と言われてしまう。理屈ではそうかもしれないが、毎日何十回も繰り返して言われる身にもなってほしい。なかなか自分の気持ちは理解されない」と語ってくれた。保健師としては正しい対応方法を伝えることが、介護をしていく上で役に立つはずだと思い込み、まさかそれが介護者を傷つけ、体験のない人には理解されない、という気持ちに追い込んでいったとは思いもよらぬことだった。

このように、介護者は、結局自分で試行錯誤しながら工夫していくしかない状態におかれ、家族にも自分の気持ちはわかってもらえないと思いながら、家族や周囲の人たちから介護することを期待され、介護者自身も〝嫁だから、妻だから介護して当たり前〟という規範の中に、介護をすることで起こる自分自身の大変さを封じ込めていたのである。

介護者は自分のおかれている現状を、個人的なことと受け止め、そのことを話していいとは思っていなかった。これらの内容は、介護者自身の生活や思いに焦点を当てた家庭訪問をしなければ語られなかったことであり、こちらの意識のありようによって問題が明らかになったり見えなくなったりするのだと思い知らされた体験でもあった。意識して見たり聴いたりしなければ目の前にあっても見ることができないのである。認知症者の介護者だけでなく、地域には同じように健康上、生活上の問題を抱えながらその問題が明らかにされないまま、必要なケアを受けられずにいる人たちがほかにも沢山いるのではないかと考えさせられたのである。

行政に働く保健師は、地域住民の健康の護り手として母子保健法や健康増進法など様々な法律や政策に基づいた活動を実践していく役割がある。最近では、少子化対策としての子育て支援活動や児童虐待の予防、生活習慣病予防や介護予防事業など、緊急性の高い問題や医療費軽減をねらった政策などが取り上げられている。そのような国が優先して取り上げている課題の影で、声を上げることができない人たちの抱えている問題、当事者も意識せず専門職の意識からも遠のいて、気づかれないまま埋もれている深刻な問題があることを私たちは認識しておかなければいけないのではないだろうか。保健師は従来それぞれが地域を担当し、その地域の中で民生委員や自治会長、婦人会など多くの組織や人とつながりながら、地域の暮らしの特徴やそこに住んでいる人たちの健康上の問題・課題を把握し、その地域に合わせた活動を展開していた。家庭訪問や地域の健康相談、老人会や婦人会への健康教育、公民館活動との連携など、地域に直接出向く活動を通して健康問題の発見や、地域の人との関係ができ、そのつながりが保健師に多くの情報をもたらしてくれる。隠れて見えにくい健康問題は、待っていても自然に見えるようにはならない。地域の人とのつながりの中で、関心というアンテナを張り巡らせて発見していくものなのだと思う。

1　ケアすることを避けられない家族

〝老人性痴呆症〟がまだ医学的にも十分解明されておらず、社会的な認知や支援体制がなかった時代に、認知症者が在宅で生活をしていくためには、家族が全面的に介護を引き受けていくしか方法がなく、介護の限界が入院や入所を決断する時でもあった。その後、認知症は、高齢者の増加に伴い国民の関心が急速に高まり、他人事ではなく身近な問題として意識されるようになってきた。二〇〇〇年には在宅介護を社会的に支えることを目指した介護保険制度が創設された。制度開始後、果たして高齢者の生活は豊かになったのだろうか、また介護者の介護負担は軽減したのだろうか。行政の窓口や家族の会の相談に認知症者の介護者から寄せられる悩みが、今も絶えないのは何故だろうか。

杉澤（二〇〇五）が、介護保険導入前の一九九六年と一九九八年、導入後の二〇〇二年に行った横断調査によると、訪問看護、ホームヘルプ、ショートステイ、デイサービスの利用量は増加しているが、二〇〇二年の段階では、「依然として家族を主体とした在宅介護態勢が八割以上を占めており、特に、長時間の見守りを必要とする動ける痴呆性高齢者を抱える世帯では、九割以上が家族介護を前提としている」との結果を示している。この現状を見ると、高齢者の在宅生活を支え家族の介護負担を軽減するはずの制度が、未だ介護の主体を家族におき制度はその不足を補う、という位置づけにあるのではないかと思わずにはいられない。認知症は、認知機能の障害に加えてさまざまな行動特性があり、個別性が高いものでもある。認知症に対する生活場面の具体的なケアは、日常的に共にいる介護者（主に女性）が一番熟知している、という暗黙の役割期待を介護者自身も社会も持ち、介護者はそれによって縛られているのではないだろうか。目の前に介護を必要としている高齢者がいれば、家族はそれを避けることができないのである。

自閉症児の母親の場合を考えてみると、親は子どもの成長をはぐくみ、守っていく役割がある。その延長として、障害のある子どもの養育も親、特に母親に求められることになる。自閉症には、コミュニケーションのとりにくさや特徴的な行動があり、一緒に生活している母親にも予測できない行動や意思の疎通の難しさがある。日々の生活を維持するために、母親はたとえ方法がわからなくても本人へのケアを避けることができない。母親は、子どもから目を離さない、離れない、という対応をしながら、子どものサインを察知し危険を回避する術をつかんでいく。この対応は日常の絶え間ない積み重ねから習得していくもので、子どものことを母親が熟知することは日常生活の中では大事なことであるが、一方で他者に代わることができない状況を作り出していることにもなる。特に幼少時は、子どもの日々の生活を成り立たせるために子どもを他者から守り、他者への影響を最小限にするための配慮も欠かすことができない。

このようにして、母親は子どもとの時間的・精神的密着度が増し他者にゆだねにくい状況が生まれてくることになる。

認知症者も自閉症者も、その人たちの日常生活を維持していくには、家族が医療や保健・福祉サービスの不十分さを補完せざるを得ない現状がある。コミュニケーションが上手くとれず、常時目が離せない状況やケアを家族が行っているが故に、仕方がないこと、あたり前のこととして家族も周囲も受け入れていくことになる。そして、家庭の中でケアが行われているが故にこのような実情が問題として浮上してきにくいのである。

2 介護者・母親が見えなくなっていく

「子どもの幸せが私の幸せ」「子どもが安定していれば、私も安定している」「子どものために一日でも長生きしたい」「私の人生はもういいんです」自閉症者の母親に将来への希望を聞いたときに、返ってきた答えである。この答えを聞いたとき、母親が子どもを通して存在し、母親個人としての存在が子どもの陰に隠れて見えなくなっている、と感じた。母親の日常は、幼少時から子どもの生活を軸にして過してきたのだろう。急に車道に飛び出す、高いところに登る、踏切の非常停止ボタンを押す、パニックを起こす、いじめの標的になる、骨折しているのにいつもと同じ行動をするなど、理由が分からない予想外の行動、止めようがない行動に、母親はいつも子どものそばに寄り添い行動を共にし、危険を予測しながら回避してきたのである。また、子どもが安定した生活を送るために子どもの生活のルールに従い、子どもと他者のコミュニケーションの仲介役を担ってきた。それは、母親としての愛情や犠牲的精神というよりは、まったなしの現実に振り回されながら会得した対応方法なのではないだろうか。

生活の多くの時間を自閉症のわが子に費やしてきた母親は、自分の人生を子どもの人生に重ねて、子どもを通して生きてきたのではないかと思う。母親自身の生活を優先しては、成り立たなかった生活でもあったのだろう。

認知症者の介護者もまた、家族が認知症という診断を受けて、様々に起こる予想外の言動に初期の戸惑いは大きく、どのように対応すればよいのか思い悩むことになる。一人で出かけてしまい帰れなくなる、濡れた洗濯物をたんすにしまう、電気炊飯器をガスにかけて火をつけてご飯を炊こうとするなど、どうしてそのような行動をとるのか理解することができない時期は、目を離さないことで本人の言動が周囲に及ぼす影響を最小限にしようとしていた。

必然的に、日々の生活は認知症者に合わせていくことになり、介護者自身の物理的・時間的自由が損なわれていくことになる。認知症者の介護が大変であればあるほど、家族からも専門職からも、いつもそばにいる存在として〝介護する人〟としての役割を期待され、介護者自身もいやおうなく〝介護する人〟としての役割を負っていくことになる。

家庭訪問で「私のことを話していいんですか」と聞き返した介護者の意外そうな反応は、介護者がいかに個人としての生活、存在を封じ込めて〝介護する人〟として生きているかを物語っているのではないだろうか。そうさせているのは、介護者に介護を任せなければ認知症者の生活が成り立っていかない、社会的なサービスの不十分さであり、介護者（主に女性）が自分の生活をなおざりにしても看るべき、という介護観なのではないだろうか。

保健師活動の中で、「家族支援」は重要なキーワードである。家族の一員に健康問題が起こると、他の家族にも様々な影響が及び、介護や育児による生活の変化、心身の負担、仕事や家庭内役割の中断、障害や病気をもつ人中心の生活になるなど、家族は精神的、身体的、社会的、経済的な影響を受けることが予測されるからである。誰にどのような健康問題が生じたかにより、他の家族が受ける影響は違ってくるが、家族支援は相互に影響を及ぼしあう家族を一つの単位としてとらえ、支援していこうという考え方である。

しかし一方で、重症心身障害児や難病、自閉症や認知症などの個別性の高いケアが求められる病気や障害を持つ人は、日常的に接していないと生活全体を見通した具体的なケアをしていくことができない。在宅生活を可能にするためにサービスを活用しても残される問題、他の人が代わることができないこのようなケアは家族が担わざるを得ない現状がある。家族は自分自身の存在を良くも悪くも認知症者、自閉症者にとって不可欠な存在、私がいなければ生活が成り立たないと思うようになると、認知症者、自閉症者の生活を軸にした暮らしをしていくことになる。介護者・母親はケアする存在として認知症者、自閉症者の陰に隠れ、ケアする存在として周囲からも自分自身も認識し、個人としての生活や健康、人権は見えなくなっていくのである。

2 見えないものを見る目

1 体験者との出会い

年老いた親や夫を介護するのは嫁として妻として当然、子どもを育てるのは母親の役割と、介護者や母親自身がそう思い、周囲からもその役割が期待されていると感じれば感じるほど、介護者・母親は介護や養育をする上で感じる不満や不安、葛藤は語りにくくなる。当然すべき役割に対して、愚痴を言うことになると思うからだろう。自分の生活時間の大部分を費やし、一人で外出することもままならず、体調を崩しながら介護・養育をする日々、これを仕方のないこととして片づけてしまっていいのだろうか。介護者や母親も一人の人間として、豊かに生きていく権利がある。病気や障害をもつこと、あるいは介護や養育は個人個人が経験することであるが、そのような状態にありながらどう生きていけるかは社会のありようによって大きく変わってくる。

社会的な支援の手だてを豊かにするには、まずその渦中にいる人に出会い何が起こっているのかその実態を明らかにしていくことが不可欠なのではないかと思う。その渦中にいる人に何が起こっているのかを知るためには、その人自身が体験してきた介護や養育のプロセスを意図的に聞くことだと考えている。それは、その人の個人的な体験としてだけでなく、同じ立場にいる人たちに起こる共通した問題がそこに潜んでいると思うからである。また、個人に起こっている出来事はその時代の政策や社会の価値観、経済、環境などが個人に影響を及ぼした結果として起こっている事実だと考えていくことができるからである。

気持ちを聴く家庭訪問は、認知症者や家族がどのような生活をしているのか、どんなことに悩み苦しんできたのか、その時々の思いと、起こった問題をどう乗り切ってきたのかを教えてもらう訪問だった。そこからわかったことは、一人ひとりのかかえている問題は、それが起こる背景やプロセスがあること、家族が看るべきという専門職や近隣の人々、介護者自身の介護観・価値観があること、社会資源の質的・量的不十分さがあることと、そしてこれらの条件が絡み合って問題が起こってくるということだった。

そういうことがわかってくると、介護の問題を解決するには認知症者や介護者だけを対象にするだけでは十分でなく、介護に影響を及ぼしている保健・医療・福祉サービスそのものが認知症者や介護者にとって量的・質的に役立つ内容なのかどうかを問い直してみる必要がある。また、専門職や家族を取り巻く地域住民が認知症者や介護者の生活実態について理解し、その上で自分たちに何ができるかを考えてもらう存在になることが問題を解決していくには大切になってくる。私たちはそこにある厳しい現実に出会い、このままではいけない、何とかしなければという必要感に突き動かされて、活動を始めていくのである。

認知症者の介護者に限らず、問題状況が明らかになっていない人たちの実態を明らかにするためには、実際にそのことを経験している人に出会い、その経験から学ぶことは重要であり必要なことだと思う。

2　誰が代弁者となりうるか

病気や障害を持つ人に、あるいは介護・養育する人に問題が生じるかどうかは、社会のありようによって決まる。病気や障害、介護することによって起こる問題には、条件さえ整えば問題にならないことも多くある。どのような条件が整えばいいかを検討していくときに当事者（ニーズを持っている人たち）からの発信は不可欠である。しかし、自らニーズを発信しにくい人たちの声は誰が汲み取っていけばいいのだろうか。当事者の声に耳を傾け、身近な代弁者が存在することが必要なのだと考える。

●……家族からの発信

全国に家族の会はどれくらいあるのだろうか。全国組織だけでなく身近な地域で開催しているものまで含めると、相当な数に上ると思われる。認知症の家族の会として全国に先駆けて発足したのは「認知症の人と家族の会」で、一九八〇年に京都ではじまり、現在四二都道府県に支部をもつ。会員は介護している家族だけでなく、認知症の人、認知症の人に関わっている保健・医療・福祉職、研究職、認知症に関心のある人、ボランティアなどが加入しているところが特徴でもある。発足当時、認知症に対する理解も情報もなく利用できる社会的資源もほとんどない時代だった。介護に戸惑い地域の中で孤立している介護者が出会い、介護者が集まって話し合うことがどんなに大切なことかを知って、全国の各地でつどいを開いてきた。家族の会が目指してきたのは〝ぼけても安心して暮らせる社会、認知症の人と家族が安心して暮らせる社会の実現〟だった。三〇年近い年月の中で国に対しては認知症と介護者の現状を訴えながら、認知症に対する社会的な支援が充実するように要望書を出してきた。

また、研究活動や認知症の理解を一般の人たちに広める啓発活動、会報発行、ホームページによる最新情報の提供、認知症の人からのメッセージなど、実に多彩な活動を展開してきている。介護しながらの活動はそう簡単なことではなかったと思うが、認知症の人と家族の切実な願いが活動への大きな原動力になっていったのではないだろうか。

全国組織や各県による家族の会からのメッセージは、国や自治体の政策に影響を及ぼし、介護体験者として専門職や一般の人に対して認知症や介護者の具体的な理解を広げていく、という大きな役割を果たしてきたと考える。

一九八〇年の頃と比較すると、認知症に対する国民の理解は広がり、社会的な支援も変化してきている。しかし、若年期認知症の人の増加や認知症のご本人からの発信など、時代変化にあわせた新たな取り組みの必要性や、介護保険制度改正に向けた提言など、認知症の人や家族の人権が保障され、安心して暮らしていけるようメッセージを発信し続けている。（参考　認知症の人と家族の会ホームページ http://www.alzheimer.or.jp/jp/）

●……当事者からの発信

認知症者自身が語り始めた。認知症の人や知的障害のある人、自閉症の人などコミュニケーション障害のある人たちは、言葉による意思の疎通がうまくはかれないという理由から、何もわからない存在、という見方をされ、認知症者の意思を確認することなく家族や支援者により物事が決定されてしまいがちである。相談の場面や家庭訪問でも、何の疑問も持たずに認知症者は抜きにして家族とだけ話して帰ってくることがあった。認知症者の意思を封じ込めている、という行為に気づかなかったのである。

二〇〇四年に国際アルツハイマー病協会第二〇回国際会議が京都の国立京都国際会館で開催された。六六の国からおよそ四〇〇〇人以上（うち海外から六〇〇人以上）の研究者、医療職、介護職、建築家、法律家、行政関係者、介護家族そして認知症の人が集った。認知症の人とそれに関わるエキスパート、一般の人たちが世界から参集したのである。今回の日本での開催が例年と違っていたのは、国際会議のサブテーマの「痴呆と人権」のなかで、アルツハイマー病のご本人が九人、自らの体験と思いを語ったことである。おそらく公の場でアルツハイマー病の人が語ったのは初めてと言っていいのではないだろうか。壇上に家族とともに上がり、その体験を語ってくれた。

はじめは〝あれっ〟という出来事から始まり、自分では少し変かもしれないと思いながらも疲れているからとか仕事が忙しいからそのせいかもしれない、と自分なりに解釈していた。しかし少しずつ仕事や通勤などに影響が及ぶようになり、自分で自分がわからなくなっていく不安、焦り、このことを誰にどう訴え相談していけばいいのかわからない苛立ち等が語られた。自分自身がこの先どうなっていくのか予測がつかない不安は、経験のないものには想像できないほど大きなものだろう。そして「認知症になっても感情は生きている、私たちが安心して暮らしていくために助けてください」と参加者に訴えた。

この発言は参加者に大きな衝撃を与えたのではないかと思う。認知症にかかわる人たちに、今までケアの対象でありながら見過ごされていた認知症者の思いと認知症者自身へのケアの重要性を気づかせてくれたのである。認知症の人は語れなかったのではなく、語る場がなかったのだ。聞いてもわからないと思い込んだのはケアをする側からの言い分で、語る機会を作らなかったのだと思う。しかしこのアルツハイマー病の人の発言がひとつの契機となり、触発されるようにアルツハイマー病の人が発言する場や支援する活動が静かに広がっている。

●……専門職からの発信――当事者の発信を促し実態を表明していく

公衆衛生看護を担う保健師の役割として、潜在的な問題の顕在化がある。特に行政で働く保健師は、現行の保健・医療・福祉制度の狭間におかれている人たちや、声をあげたくてもできない人たち、問題だと意識していない人たちの代弁者として機能を果たすことは重要な役割であり期待されることでもある。

家庭訪問や相談など日常の活動を通して、個々に起こっている実態を集約し、その人たちに共通して起こっている問題、解決すべき問題を明らかにして、地域全体の問題として提言していくことである。その解決を図るために既存の活動を工夫したり、必要なら新たな活動を起こしていくという役割である。その役割を果たすためにも、対象者と出会う機会は不可欠である。

また、専門職自身が発信していくだけでなく、家族会や患者会のように地域に孤立していた人たちをつなげ、一人では発信できなかった声を同じ立場の人の共通した声として発信していくことができるよう、仲間づくりをしていくことと孤立している人たちをつなげることで、埋没してしまいそうな問題をくみ上げていく仕組みをつくっていくことも重要なことである。

そのグループと地域住民とをつなげていくことで、その人たちの問題を地域住民とともに共有し、みんなで取り組むべき問題は何かを考え合っていく。専門職だけが当事者の代弁者になるのではなく、地域の中にわかりあうつながりを作っていくことが大事なのだと考える。

第2章

コミュニケーション

障害を持つ人の介護・養育体験

この章では、認知症者の介護者と自閉症者の母親の介護・養育体験について、研究結果をもとに紹介したい。研究方法は、木下康仁の提唱する修正版グラウンデッド・セオリー・アプローチ（M-GTA）を用いた。

第1章で述べたように、今まで認知症者の介護者の生活実態を把握する方法として、家庭訪問を通して長年の介護体験プロセスとその時々で感じた介護者の思いを聴いてきた。家庭訪問の結果を十数例重ねていくうちに、長年の介護が介護者に与える影響や、どの時期にどのような問題がおこり介護者がそれをどう乗り切ってきたのかを整理することができた。また、共通した問題やそれが起こってくる背景を考えることで、問題解決への方向性を見出しながら実践に生かすことができたと思っている。

しかし、この家庭訪問で聞きとった対象者の具体的で複雑な経験の世界を、もっと説明できる方法はないかと漠然と考えていた。後にM-GTAの本（木下 一九九九）に出会い、この方法論がデータに密着した分析から、限定された範囲内で現象の多様性を説明できることや、人間と人間との相互作用の説明に適していること、実践的活用を意図していることを読んで、是非活用してみたいと思った。この方法なら、かつて出会った認知症者の介護体験をもっときちんと、明らかにできるかもしれないと考えたのである。まだ、質的研究方法としてのＧＴＡについて十分理解していない私にとって、先の道のりは遠いことをこのときは気づかずに、ただわくわくとしていたことが記憶に残っている。

認知症者の介護体験の研究は、現在のＭ-ＧＴＡが執筆される前で、一九九九年版の方法で行っている。自閉症者の養育体験については、二〇〇三年版による方法論を用いた。

認知症者の介護者と自閉症者の母親には、いくつかの共通点がある。ひとつは時代的背景で、介護や育児を始めた時期が、認知症や自閉症に対する診断や治療がまだ十分確立されておらず、社会的な支援や理解が得られない時代に介護・養育を体験していることである。二つ目は、認知症者・自閉症者との意思の疎通の難しさがあることである。認知症の場合は、今言ったことを忘れるといった症状によるものであり、自閉症もコミュニケーション障害という症状の特徴がある。意思の疎通が図れないということは、双方の思いがかみ合わず日常生活を送る上で大きな支障が生じる。三つ目として、介護・養育期間の長さである。この期間の長さが、介護者や母親にどのような影響を及ぼしていくのだろうか。

今回の対象者の場合は、認知症者が平均八・八年（三年〜一七年）、自閉症者の場合は三〇年以上であった。

ここで紹介する認知症者の介護者や自閉症者の母親たちは、認知症者、自閉症者の生活を維持していくため、認知症という病気や自閉症という障害がどのようなものなのか、どのように対応したらいいのか、将来どうなっていくのか分からないまま、日々起こる出来事やコントロールしようのない現実と向き合ってきた。意思の疎通の図りにくさや予測できない行動は、物理的にも精神的にも家族を拘束し負担感を増幅させたが、家族であるがゆえにその大変さを内に込め、自分が看るしかないという思いで介護し続けてきた。それはまるで、介護者や母親の人生を認知症者や自閉症者に重ねて生きていくような歴史だった。自分自身の人生や健康をないものにしなければ続けてこられない生活でもあった。

認知症者や自閉症者の介護や養育は、個人差が大きく一般論では対応しきれないことが多くある。認知症者の介護者や自閉症者の母親は試行錯誤を繰り返し、対応方法を見出していっている。それは、二四時間共に過ごす中で体得してきた専門職にもない技（専門性）として発揮されていくが、そのことが結果的に家族に介護や養育を押し付けることになってはならないと思う。特に、コミュニケーション障害がある場合は、身近にいて日常的に接している介護者や母親が一番の理解者となり、他者との仲介役を担わざるを得ない。そのことがよりいっそう、認知症者や自閉症者との密着した関係を強化していくのではないだろうか。

時代が変化し診断や治療方法が確立しつつあるが、利用できるサービスや法制度が確立してもなおかつ介護者や母親に課せられることがある。日々の生活は今もなお、家族による介護で成り立っている。それについても論じていきたい。

1　認知症者の介護体験

認知症者の介護者の会と出会ったのは、一九八〇年代のことである。当時〝老人性痴呆〟と診断されても、治療方法や利用できるサービスはほとんどなかった。医師には「大変だけれど家族が看るしかない」といわれ、認知症がどんな病気なのかよくわからないまま介護が始まったのである。介護者は認知症者に同じことを何度説明してもわかってもらえず、繰り返される不可解な行動、昼夜を問わない徘徊など、二四時間三六五日の介護体制に心身のストレスを募らせていた。保健師として認知症に対する一般的な知識や対応方法を伝えても、個々の実情とはギャップがあり、何の解決にもならないばかりか〝正しい介護者像〟を押し付ける結果にもなっていると思い悩んでいた。

そんな時に、認知症者の介護者の会と出会ったのである。その会が主催している介護者の集いは、介護者が同居している家族に訴えてもわかってもらえなかった認知症者の言動や、症状によって傷ついた体験を「私もそうだった」とうなずきあい、「それでいいのよ」と励まされ、何より心が開放される場となっていた。この介護者の会は、認知症者の介護を体験している人たちが、必要に迫られて発足した会である。会の役員たちは自分自身も介護をしながら、会の運営だけでなく県や市町村、厚生省（当時）に政策の改善や認知症の理解を求めて要望書を出したり、補助金を得るために自治体や関係団体を奔走したりした。

後に会の役員たちは、「同じ体験をした人同士でなければわかりあえない。それを共有する場がほしかった」「そのときに必要だからやってきたこと」「普通の主婦の集まりでわからないことだらけだったけれど、恐いものは何もなかった」「書類は行った先々で教えてもらいながら書いた」「とにかく痴呆のことを理解してほしかった」「介護者のための会にしたかった」と語った。

私は介護者の会に入会して二〇年余りの間に、介護者の会の役員が認知症者と家族に共通して起こる問題の解決にむけて、精力的に実践してきた活動を目の当たりにしてきた。たまたま認知症者の介護を体験することになった普通の主婦が、周囲の人に認知症の理解を求め、国に対し要望書を出すという行動の変化を生み出していった介護体験とは一体どのようなものであったのか、介護者にとってどういう意味があったのか知りたいと思ったのが今回の調査のきっかけである。

1　研究目的と方法

認知症者の家族介護者に関する研究は一九八〇年代にようやく本格化してきた。介護負担・ストレスなど介護体験の否定的側面に焦点を当てたものや（Zarit 1980；Morris 1988；朝田隆他　一九九四）介護体験が介護者に及ぼす肯定的影響として、介護の満足感、介護継続意欲、介護の報酬等の研究も試みられた（坂田 一九八九；Pruchno 1990；Lawton 1991；井上 一九九六）。また、介護体験をプロセスとしてとらえ、介護体験が介護者に及ぼす影響や介護体験プロセスを段階（ステージ）としてみていく研究も行われだしている（山本則子 一九九五；Pearlin 1992；Lindgren 1993）。しかし、認知症者の介護には特有な問題があり、介護体験の複雑さや介護者にとっての体験の意味はまだ十分理解されているとはいえない。今回の調査は、認知症者の介護者の会の役員を対象に、すでに終了している役員自身の介護体験が、現在の役員としての役割や活動にどのように関係しているかを明らかにすることを目的に実施したものである。ここでは、役員自身の介護体験プロセスに焦点を当てていきたい。

研究対象者は、家族介護者の会で現在役員をしている五名で、調査時点では全員が介護を終了していた。介護終了後の期間は、三年から一九年で、平均一一・二年経過していた。介護歴は三年から一七年で平均八・八年。介護者全員が女性で、被介護者は義父一名、義母が三名、実母が一名であった。結婚当初から同居が一名、認知症になってからの同居が四名である。介護中に介護者の会に入会した人は四名、介護終了後は一名であった。介護中に役員となったのは二名、介護終了後役員となった人は三名であった。

研究方法は、実証的、帰納的研究方法論である「修正版」グラウンデッド・セオリー・アプローチ（木下 一九九九）を用いた。データ収集は半構成的インタビューにより行い、対象者が自由に語れるよう配慮して、会話の流れに沿って質問を行った。質問内容は、認知症者の病状の変化、介護の開始から介護終了後を含めた介護の経過と出来事、その受け止め、役員活動である。

データ収集期間は一九九九年七月一日〜七月三一日の一か月である。面接はそれぞれ一回で、九〇〜一二〇分。インタビューは対象者に許可を得てテープに録音した。録音したデータは一人ずつ記録に起こし、次のように分析を行っていった。①面接の録音記録をもとに、データの意味を解釈し、それをあらわす分析的概念ラベルをつけた。②①で得られた概念ラベルを、その意味に基づき相互に関連するものをカテゴリー化した。③カテゴリー間の関係性を検討し、介護プロセスの特徴を表すカテゴリーとその構成要素を明らかにした。④カテゴリーとデータを対比しながら、カテゴリーの妥当性を確認した。この方法論で非常に重要なオープンコーディングにおける概念の決定とカテゴリー化は、スーパーバイザーとの定期的な検討を行い助言を受けていった。

2　認知症者の介護体験プロセス

今回の研究対象者が介護を始めた当時でも、歳をとれば認知症になっていく可能性があることを全く知らなかったわけではない。しかし、認知症になることでどのような変化が認知症者に起こり、言動や生活がどのように変わっていくのか、物忘れが及ぼす日々の生活や人間関係への影響を具体的に知る機会は体験者以外にはなかったといっても過言ではない。今までしっかりしていた人が、外見上は何の変化もないのに、意思の疎通が図れなくなり介護者の今までの常識や体験では太刀打ちできない出来事が起こってくるのである。

このような介護体験を分析し、得られた概念を『　』、カテゴリーを【　】で記していく。時間的経過によって特徴づけられる【介護体験プロセス】と時間的経過にはかかわりなく、特定の条件化で起こる【介護体験プロセス全体の中に見られる対処行動】という二つのカテゴリーがあった。【介護体験プロセス】には『正常視反応と正常視反応の拡大化』『納得への切り替え』『介護体勢のルーティーン化』『反動としての無気力状態』という四つの段階があった。この段階は全事例で見られたが、各段階の持続時間や経験の強烈さは、同居の時期や認知症者の症状、介護者の認知症に対する知識の有無などに影響され、いくつかのバリエーションが見られた。【介護体験プロセス全体の中に見られる対処行動】は、特定の条件化で繰り返し起こる可能性を持つ対処行動で、『並行的自己確認』『断念と埋め合わせ』『〝あの一言〟による介護認識の転換』の三つが見出せた。

認知症者を介護することになった人たちが経てきたプロセスを、体験者の語りから辿っていきたい。

●……正常視反応と正常視反応の拡大化――〝いつもの状態〟を拡大して解釈する

初めの気づきは、〝いつもとは違う〟という身近な人の感覚である。しかしそれが認知症だとは思いもよらず、起こっていることの原因をどこかに求めて解釈しようとする正常視反応とその拡大化という現象がみられた。今までの本人像と現在の〝変さ〟を埋めようとする作業とも言える。

『正常視反応』とは、被介護者の言動が変だと思いながら、病気だとは考えず、戸惑いながらもその理由を考えることである。物忘れや元気がない等、普段とは変わった様子や、多少ちぐはぐな行動や言動に気づいても、認知症とは思いもよらず「歳だから」「体調が悪いのかもしれない」など、加齢による変化で仕方ないこと、誰でも起こることという自然現象的な受け止めをすることである。この反応は、骨折や体力低下による理由で途中から同居した人たちに顕著に現れた。実際には、同居時点ですでに認知症の症状が現れていたが、同居以前の本人の生活状況をよく知らないこと、介護を始めたのが昭和五〇年ころで、認知症に関する情報や行政的な制度がほとんどない時代だったという背景もあり、認知症とは考えもしなかった。

物忘れやトイレを汚すなどの行動があっても「嫁いびりかと思った。言ったのに聞いてないとか、あったのにないとか」「日常生活のことができなくなったんですよ。最初は（同居して）ホッとしたのかな、と思いましたけど。手が悪いからとか」と変だと思う出来事は、年齢のせい、骨折で手が不自由なせい、嫁いびりと受け止めていた。認知症とわかっていて同居を始めた人も、それ以前に同居していた家族との間で、『正常視反応』の時期が見られた。外から訪ねていってちぐはぐな言動に気づき「お義父さんなんだかおかしい」と言っても同居している家族は「親父は昔からそうだった」と、もとの性格だと判断していたり、「嫁がお金を盗る」と言われることも「嫌がらせ」だと思っていた。このような認知症者の変化が病気によるものと気づかず、家族との折り合いを悪くし、同居を断念せざるを得ない状況をつくっていった経過があった。

さらに、変だという言動や行動が多くなると、『正常視反応の拡大化』という〝変さ〟の意味を拡大的に解釈し、起きていることの説明をつけようとしていた。「おかしいって言っても、親父、昔からワンマンだったからって」「きついところもありましたから……関西の人なので……関東気風になじまないっていうところはあると思うんですよね」、失禁や物忘れがひどくなっていっても「手が悪いからと思っていた」と、なんとか起きていることの説明をつけようとしていた。

また、認知症という診断がされていても、どういう病気かわからずにいる時期は、拡大的解釈をしようとしていた。特にまだら呆けの症状がある場合は、認知症と診断され服薬しているにもかかわらず、「病気でもないし……」と思っていたり、「ぼけた人はなにもわからなくなっちゃう人って思っているから、しっかりしている部分が多い時っていうのは、許せないのよね。言っていることがまともだったりするもんだから」と、正常な部分があるため病気だということが納得できずにいた。

この時期は、認知症者と介護者間の会話は成り立たないというより、瞬間瞬間で消えていき、何故そうなるのか理由が分からない戸惑いや苛立ち、ストレスは大きい。しっかりしている部分が残っていればいるほど、実父母や夫婦など関係が近ければ近いほど期待と現実とのギャップに介護者は悩むことになる。どこに援助の先を求めていいかわからない場合は、理由の分からない言動に対し、介護者がその対応方法を見つけていくしかない状況におかれるのである。家族や親族から介護することを期待され、介護者自身も自分が看るしかないと思う意識が、介護者を二重にも三重にも苦しめることになる。

●……納得への切り替え——期待と現実への折り合いをつける

正常視反応の拡大化によっても、いずれ現実への解釈には限界が生じてくる。『納得への切り替え』は、今起こっている認知症者の言動が、加齢や嫁いびりなどではなく、認知症そのものの症状であることを理解し〝納得〟していくことである。納得への切り替えが行われていくきっかけとして、介護の限界、ターニング・ポイント、予測的切り替えが見出され、いずれも体験者との出会い、専門職との出会いなど何らかの第三者の介入が必要だった。

①介護の限界

認知症者との嫌な体験の積み重ね、親族との軋轢、介護者の心身の不調が重なってくると、介護が限界だと感じるようになる。この限界感が、行動へのためらいを取り除き、今までと違う行動を起こすきっかけとなっていた。「あの男が私の部屋に夜来るのよ、とかってね、うちの主人にそういうこと言い始めたんですよ」と認知症者の度重なる不可解な言動や行動に振りまわされたり、お金のことで子どもが疑われたりして「とっても嫌」という体験をする。また、同居していない親族との見方にズレがおこり「自分だってどうしていいかわからないときに、あれこれいわれたって……」と無理解へのいらだちが増していった。

このような体験の積み重ねにより、生活状況が煮詰まってくると介護者は様々な行動を試みることになる。「本当にいろんなことがあって、私もくたびれ果てて、やっと福祉の方に行くんです。これでは共倒れしてしまうからって」「兄弟みんなが押し寄せてきて大パニックになったとき、お友だちが病院に連絡を取ってくださって……先生は家の人と兄弟にきちんと話してくれた。……ほんとうにありがたかった」と福祉の窓口や理解ある医師との出会いが、福祉サービスの利用や、介護者の会への参加につながっていった。これらが契機となり、デイサービスや介護者の会で他の介護者と出会い、理不尽な感情を受け止められ、認知症の納得へと切り替えが行われていった。

②ターニング・ポイント

介護状況が煮詰まらなくても、同じ立場の人との出会いがターニング・ポイントになり切り替えが可能になった場合があった。

介護者の集まりで「初めてそのことをまともに話していいんだと思って。初めてですよ。その時もっとすごいのがいたっていう驚きですよね」「介護者の会で小冊子を書いたりして、気持ちが落ち着いた……よくやったよ私は、病気としてはこういうことなのかとか、……まあ家の中の馬鹿話じゃないんだってことで、落ち着いたのはそのあたりですね」「最初はね、自分だけがすごく大変だと思っていたのね。それでも足運ぶ度に、他の人とくらべると自分は全然楽だわって」という受け止め方となった。ターニング・ポイントは、介護や認知症についての見方・感じ方が大きく変わる出来事である。この出来事により認知症が病気であることや、言動が認知症の症状であることなど、介護の大変さを受け止めることができ、納得が可能になっていった。

同じ立場の人との出会いや、自分の体験を他者に話す体験は、介護者にとって閉塞感からの解放ともいうべき出来事である。話すことで認知症の状態を他者と比較することができ、先の見通しが立ち、認知症への対処の仕方や生活を見直す機会となった。これらのことが、介護者に認知症を納得させる契機となっていった。

③予測的切り替え

介護者が認知症に対する予備知識を持っている場合には、変だと思う出来事が事前の知識と結びつき、病気としての見方が早い時期から可能になっていた。

　初めから同居していた一名は、発病前から認知症についての知識があり、義母の変化が認知症によるものだと早期に気づいた。「台所ができなくなって、おかしいって気がつきはじめたのね。……（お金の計算が）つけようと思うとわかんなくなっちゃうわけ。……もうこれは呆けだと思って」と介護をすることを決心し仕事を辞め、受診したり介護者の会に通い、認知症の知識や介護方法、情報を得るために奔走したりした。

　予備的知識により、認知症のまだ軽い時期に病気だと理解でき、介護方法や社会資源を知るための行動を積極的に進める作用があった。

　この予備的知識は、最初の戸惑いである正常視反応やその拡大化の時期を短縮、あるいは省略し、納得への切り替えをスムーズにすることで、早期に介護態勢のルーティーン化に移行させる大事な要素ともいえる。

　納得への切り替えは、必ずしも介護中だけに起こるのではなく、介護が終了しても介護中に起こった出来事を了解したり、介護者自身が介護の意味を再評価していくために、介護体験者にとっては必要なプロセスとなっていた。

『納得への切り替え』は、認知症に対する適切な理解への変化で、介護体験プロセス全体の、一種のターニング・ポイントでもある。

●……介護態勢のルーティーン化

意思の疎通が図れないことや不可解な日々の出来事が、認知症によるものだと納得できることは、介護者にとって次の行動を促進していく大きな出来事である。

『介護態勢のルーティーン化』とは、大変だけれど必要な介護が日常的にできるようになることである。納得への切り替えができると、介護態勢を整えるために介護方法や利用できるサービスの情報を得ながら、具体的な対処方法を見つけていこうとしていた。ルーティーン化が可能になったからといって介護する内容が変わる訳ではないが、「訳わかんなかった」状態から、介護の対処方法を自分なりに見つけていくことを可能にしていた。

「夜中出たがって騒ぐの。ドアのノブを、家が響くほど揺すって。真冬の二時三時。がたがたしてなだめているより、一緒に外に行った方が楽なんですよね」「工夫すればね、何とか一日中おむつじゃなくて、トイレにも連れて行かれるし、いろんな方法はやればやったただけ、きちんとできるようになるからね」「水洗トイレを壊されて水浸しになった。介護用品のカタログを集めていたもんだから、すぐポータブルトイレを送ってもらって……」。

介護態勢が維持されていくと、認知症者の症状に振り回されていた状況から、介護を介護者がうまくコントロールできるようになることがある。「おばあちゃんのためにやりい い方法でなくて、私がきちんとできていれば、向こうもいいに決まっているっていうのがはっきり見えてくる」「ショートステイは年間計画を立てて……そうすると出かけることもできるし」「既成のものではダメなんだってことがはっきりして。それなりにやりいい方法ってのは家の中でできますしね」。

対象者五名のうち介護中に『納得への切り替え』ができた四名は、介護者の会で同じ介護体験者と出会い、サービス情報や介護の工夫等を入手しつつ、介護態勢を維持していた。

『納得への切り替え』から『介護態勢のルーティーン化』までは、介護の大変さのピークともいえる時期である。介護態勢がルーティーン化しても、認知症者の症状や心身の状態は変化していく。新たな症状が起これば、その対処方法が見つかるまでは混乱すること もある。しかし体験者から情報を得る、社会資源を活用する、専門家の支援を求める等、乗り切っていくための方法を身につけ、介護の大変さへの受け止めが漸減していった。

身近に介護体験者がいることが介護態勢維持に非常に有効だったといえる。

●……反動としての無気力状態

今回の調査対象者は、すでに介護を終了した人たちであり、看取った後、介護者がどのような体験をしていくか知ることができた。

『反動としての無気力状態』は認知症者の死亡後の反応で、急に身体が不調となる、今までできていたことができなくなる、というような状態になることである。対象者五名全員が何らかの無気力状態に陥った体験をしていた。

「何となくどこか変だったんです。燃え尽き何とかかっていうのがあるけど、そういうのかな」「義父が亡くなってこんなに寂しくなるとは思わなかった」「看取った後、今までできていたことができなくなった」「体がぼろぼろだった」「亡くなったときに他に方法があったんじゃないかなと思ってね」「このごろになって、体の調子がおかしいなと思って」これらは、介護態勢のルーティーン化を維持していくことが、実は大変な時間と労力を必要としていたことを意味している。この無気力状態は、認知症者が亡くなることで、ばねがはじけるように、急に生活がなくなったような変化に対する反応である。

従来は、認知症者が亡くなると専門職の支援はそこで途絶えてしまうが、その後の介護者が無気力状態から回復していく過程を支援していくことも重要なことである。介護者の会では、看取った人たちが集いに参加し、今介護している人の聞き役になるだけでなく、自身の介護体験を何度も語り、そのことで介護に費やしてきた自分の人生の意味を確認し、折り合いをつけていく姿があった。

3　介護体験プロセス全体の中に見られる対処行動――自分の生活と存在を確認する

認知症者の介護役割は一人の介護者に特定化されがちであるが、家族であるがゆえに介護者も家族もその役割を当然のこと、やむを得ないこととして受け入れて行く。その結果、介護者自身のライフサイクルや発達課題の達成、地域社会ばかりでなく家族とのつながりに支障が起こってくることになる。介護体験プロセスは時間的経過の中で起こったことであるが、時間的経過に関わりなく、認知症者を介護する過程で見られる三つの対処行動があった。これらは、介護者の生活が日々介護に埋没し、その期間が長期にわたることで生じる対処行動ともいえる。

●……並行的自己確認

『並行的自己確認』とは、介護以外の活動や社会参加を通して、自分自身の存在や介護の意味を確認するための行動である。

「八年前からヘルパーをしている。そこでちょっと教わった。……よそに行くことは、家族と違って楽しいし、どんなことでもやってあげられちゃう。おじいちゃんで慣れてるから、ひげ剃りでもおむつ交換でもどうってことない。それ見て向こうの家族もすっごく待っていてくれるから」「介護とほとんど同時進行でＰＴＡを一生懸命やっていました。ストレス解消に。孤独感ていうんでしょうか、ありましたから……」。

介護をしていること自体大変なことであるが、介護に埋没している自分自身を、他の活動をすることで客観的に見直し、他者から自分の存在を認められることで自分の存在を確認する、それが自分を取り戻し介護を続けていくエネルギーになっていた。

●……断念と埋め合わせ

『断念と埋め合わせ』とは、介護が長期にわたるため、自分を含め家族に起こる出来事の対応や役割を、断念あるいは中断することである。このことは、介護者が介護を最優先していくことを、目に見えないかたちで強制された結果ともいえるのではないか。五名中三名が『断念と埋め合わせ』の体験があり、仕事を辞めたことや子育てへの後悔、自分の両親や家族の介護ができない、などの出来事に遭遇していた。

「介護のために仕事を辞めた。一生の仕事だと思っていたのに、何で辞めなければいけないの。今まで何をしてきたんだろうってパニックになった」「同居するために夫が転職をした」「子どものことは、ちょっとつらかった。悔いが残るって言うか、育てきれなかった」「（夫が病気になっても）主人のことまで頭が回らなかった」。

これらの出来事は、〝後悔〟〝納得できないこと〟〝あきらめ〟という感情で心に残り、中には子どもに対しできなかった役割を、介護が終了してから孫をかわいがる、世話をする等やり直しとも思える行為や、辞めなければならなかった仕事を介護終了後に形を変え復活する、代償的・再現的行為が見られた。また介護の体験を肯定的に受け止めることで、断念したことを納得させるような反応も見られた。

●……〝あの一言〟による介護認識の転換——他者による代弁

どの介護者も一様に、介護の転機となるような他者からの〝あの一言〟を記憶していた。これは「なぜ私だけが」と閉じこもっている気持ちからの解放であり、言いたくても言えないことの代弁であり、自分でも気づいていなかったことの表現でもあった。

「地域のデイに行ってすぐのころ、ボランティアさんが赤ちゃんを扱うようにすればいいって言った。それに対し介護者の会のTさんが〝赤ちゃんと認知症のある呆けさんは全然違いますから〟ってビシッとおっしゃったんです。今までずっと（回りから介護の仕方について）こうあるべきだと言われたことに、そう思って（それは違うのではないかと思って）いいんだって思えた」「一年つきっきりだったら〝あんたいつまで見張っているの。危なくないようにしておけば距離おいて大丈夫よ〃って。思い返すとそれがすっごくよかった」「おじいちゃんのためにあれができなった、これもできなかった、それはおじいちゃんにとって失礼だよって言われた」。

この一言との出合いは、どうしていいかわからずに混迷していたことがすっと納得でき、介護者にとっては、その後の介護の受け止めや対応に影響を与える出来事である。他者の言葉でありながら、聞く側にとっては自分の心の言葉であり、まさに介護者にとって代弁者としての一言だといえる。〝あの一言〃は、多くが同じ様な介護体験をたどってきた人の一言で、体験者が持つ相談機能の重要性がここにある。

認知症者の介護は長期にわたることが多く、介護者は発達課題の達成や予定していた人生の変更を強いられることになる。『断念と埋め合わせ』はまさにそれを物語っている。介護者はその様な理不尽な状況と、介護しなければならない現実の狭間で、自身の存在を他者から認められ、自らも確認し、介護していることの意味を納得していくことを求めていた。『並行的自己確認』は、その解決のために自ら起こす行動であり、『〝あの一言〃による介護認識の転換』は、他者からの働きかけによるものであった。

4 まとめ

以上のように、すでに介護を終了した介護者の介護体験プロセスを分析した。この結果は限られた人たちの回想から導き出されたものであるが、今回の対象者以外にも共通しているのではないかと考えている。私自身の経験では保健所や介護者の会の相談に初めて訪れる人たちは、大きく二つのパターンがあった。一つは認知症の初期で、認知症者の物忘れやちぐはぐな行動に対し、非常に戸惑っている人たちである。もう一つは、認知症の症状に振り回され、追い詰められた状態で訪れる人たちである。前者は『正常視反応・正常視反応の拡大化』の時期の人であり、後者は『納得への切り替え』を迫られた人たちといえるのではないか。これらの人たちは、いずれも継続的な支援を通して、認知症を理解し具体的な症状への対応と、サービスを活用しながら『介護態勢のルーティーン化』ともいえる、大変だけれど介護を続けていく態勢をつくっていた。

また介護者の会では、介護終了後の介護者の参加が増加してきている。そこでは自分の介護体験が繰り返し語られ、仲間に労わられながら自身の介護の再評価や急な生活の変化を立て直す場が機能していた。これはまさに看取り後に、介護者が陥る『反動としての無気力状態』の存在を示すものだといえる。

本研究のもうひとつの特徴として、『並行的自己確認』『断念と埋め合わせ』『〝あの一言〟による介護認識の転換』のように、どの時期にも起こりうる反応の存在が明らかになったことである。認知症者の介護は長期にわたることが多く、介護者は自分自身の発達課題の達成や予定していた人生の変更を迫られることになる。『断念と埋め合わせ』はまさにそれを物語っている。『並行的自己確認』は、その様な理不尽な状況と介護しなければならない現実の狭間で介護者自身の存在を他者から認められ、自らも確認し、介護しているることの意味を納得していくために自ら起こす行動であり、『〝あの一言〟による介護認識の転換』は、他者からの働きかけによるものであった。

長期にわたる介護が、介護者自身の人生に及ぼす影響は社会的な条件が整っていなければさらに大きくなるが、家族であるがゆえに〝仕方がない〟こととして見過ごされてしまっている。認知症者の在宅生活を維持するために、介護者は心身や生活のリスクを負っていることを認識する必要がある。

2 自閉症児・者の母親の養育体験

成人期を迎えた自閉症者の母親に、将来への希望について聞いた際、「今の社会で、親がいなくなった後、この子が幸せな生活を送ることは期待できない。私より一日だけ先に死んで欲しい」と答えた人がいた。これは親の身勝手な言い分なのであろうか。「親の亡き後」への不安は今までも多くの親が語ってきたことであるが、子どもの将来の生活を安心して社会にゆだねることができない日本は、なんと貧しい国なのだろうと思った。自閉症のわが子の生活を、全面的に担ってきた長年の生活体験が母親に言わせた一言である。

自閉症は、一九四三年レオ・カナーによって報告されて以来、現在までに自閉症の人へのアプローチは大きく変遷してきた（Patricia Howlin 2002；中根晃 二〇〇二）。一九五〇〜

郵便はがき

恐れ入りますが切手をお貼り下さい

101-0062

東京都千代田区
神田駿河台一の七

㈱弘文堂
愛読者カード係

ご住所	郵便番号
ご芳名	（　　　才）
ご職業	本書をお求めになった動機
ご購読の新聞・雑誌	ご購入書店名

—愛読者カード—

健康マイノリティの発見

①ご購読ありがとうございます。本書に関するご感想をお寄せ下さい。

②その他小社発行の書籍に関するご要望をお聞かせ下さい。

③他にご希望の出版物又は執筆者がありましたらお聞かせ下さい。
今後の出版活動の資料といたします。

六〇年代の日本では、親の育て方の悪さによる情緒障害といわれた時代もあった。国際学会では一九七〇年を境に、自閉症は原因不明の脳の器質的障害による発達障害が定説になり、教育・福祉に先駆的に取り組んできた欧米では、自閉症独自の行政支援を整えた。

日本の自閉症支援の考え方が欧米と根本的に異なるのは、日本が自閉症を「知的障害の一環」として知的障害者施策の中で対応してきたのに対し、欧米では「自閉症は単独で存在する障害」であるという認識に基づいて教育・福祉支援、生活支援、居住支援が行なわれていることである（服巻智子 二〇〇二）。

一九九四年にようやく日本でも障害者基本法の改正にあたり、付帯決議に自閉症が記載され自閉症の特性を踏まえた施策の必要性が盛り込まれ、二〇〇二年には自閉症・発達障害支援センターの全国設置が始まった。二〇〇三年度より障害者の自己決定を尊重し自らサービスを選択するしくみ、支援費制度が、二〇〇六年四月には障害者自立支援法が施行された。このような新たな制度は、前述した母親の絶望を解消することができるのだろうか。

自閉症は、対人関係やコミュニケーション障害、固執的・常同運動等の行動上の特徴をもつ。自閉症の特徴がもっとも明確になるのは四歳以前といわれているが、成長後もそれが消えるわけではなく、知的障害を伴う場合には特に生活維持のための日常的支援が必要になる。自閉症は子どもの時だけの問題ではなく、家族も含めた生涯にわたる生活上の問題でもある。

ここで紹介するのは、一九七〇年代に生まれた自閉症児の母親の養育体験である。

一九七〇年代は、自閉症が原因不明の発達障害であることが定説となった時期ではあるが、自閉症が親の育て方の問題、情緒障害という考えが色濃く残っていた。自閉症に対する理解は専門職にも乏しく、診断までに長期間を要したり診断自体が曖昧なまま経過したりする例も少なくなかった。自閉症児・者や家族を支援するシステムもないまま、家族はわが子と向き合っていくしかなかった。

そのころを象徴するようなエピソードがある。現在三五歳の自閉症のA君のことである。A君が五歳の時、妹が交通事故で入院した。命はとりとめたが、しばらくは付き添いが必要だと言われた。父親が不在の日中、多動で目が離せないA君を病院に連れて行くことはできなかった。預かってくれるところがないか福祉に相談にいくと、「こんなに障害の重い子は預かってくれる所はない」といわれ、「何の反論もしないで、そうですかっていって帰ってきたんですけれど、その時のことってすごくね、私の中では辛かったことなんですよ。重いから頼みに来ているんで、どうにかなるなら別にこんなところに来やしないのになって思って」やむなくA君を家の柱に縛りつけて病院に出かけた。「そんな自分が今でも許せないのよ」と母親は静かに語った。その後この母親は、同じ障害児を持つ親と協力して、障害児の日中預かりの場をつくり、子どもの成長にあわせるようにして作業所、グループホームを作っていった。子どものことは行政や他人任せにできないと、体験が母親を動かしたのだろう。

自分の生活も省みず、子どもの安定を求めて奔走する母親に対し、なぜそのような対応をするに至ったのか、わが子だからというだけでなく自閉症そのものの行動特性に対する対応が未知なものだったこと、社会的なサービスもなく自分以外に対応する存在がいないこと、周囲の無理解などの体験を重ねることで、選択の余地なく、母親がその対応を迫られてきたのではないか。自分の生活時間とエネルギーの多くを自閉症の子どもに費やして生きている母親は、長年にわたる自閉症者との生活をどのように認識し行動してきたのか。どんな体験なのか、母親にとってどういう意味を持つのかを知りたいと思った。

1 研究目的と方法

本研究は、自閉症の診断が脳の器質的障害であることがようやく定説になった時代にわが子を自閉症と診断された母親の、長年にわたる子どもとの生活プロセスにおける、子育て意識とその変容を明らかにすることが目的である。

データ収集方法は半構造的面接とし、面接時間は一人一時間半から二時間だった。インタビューの内容は、①子どもに対して「何か変だ」と思ったころから現在に至るプロセスで、起こった事実とそのことの受け止め、起こったことにどう対応してきたか、②現在の状況、③将来への希望、③母親の健康状態と受け止め、などを自由に話してもらった。データは許可を得て録音し逐語録を作成した。実施期間は二〇〇七年四~七月である。

対象者は、在宅で生活している知的障害を伴う三〇歳以上の自閉症者の母親で、知的障害者・自閉症者の通所施設の施設長に依頼し、承諾が得られた人である。対象者数は六名で、母親の平均年齢は六三・八歳、自閉症者の平均年齢は三六歳。全員がいずれかの親の会に加入していた。

分析テーマは、知的障害を伴う在宅自閉症者の、心身の安定生活にむけた母親の役割意識の形成と変容プロセスとした。

分析方法は、M-GTAを用いた。分析はインタビューの逐語録のうち、一番内容豊かに語ってくれた人のデータから始めた。データを何回か読みながら、分析テーマに照らして大事だと思った部分に印をつけ、注目した部分の示している意味を解釈してメモしながら、それを適切に表現する言葉を検討していった。この概念を創っていく作業はスムーズには進まず、いくつもの解釈から行きつ戻りつしながら一つ目の概念を考えていった。

次に、はじめに注目した概念のバリエーションが他にもないか探し、定義や概念をもう一度見直していった。これらは、ワークシートに記載し、対極例についてもメモしていった。一人のデータが終了したら次のデータで同じ様に繰り返していった。複数例の概念が出来上がった段階で、概念間の関連を意識していった。しかし、三〇年以上の介護体験をどのように解釈しまとめていくのか、そのことに思い悩んだ。今回の結果図は、なかなか動きのあるものが描けず、ワークシートを読み直し、研究会などで報告しながら修正を加えていった。

倫理的配慮として、対象者の研究目的、方法、結果の公表、録音、データの保管と廃棄について文章と口頭で説明し承諾を得た。また、所属大学の倫理審査を受け承認を得た。

2　自閉症児・者の養育体験

●……結果図とストーリーライン

本研究の結果から生成された、概念とカテゴリーの関係を表したものが結果図【絶対的存在意識の形成と変容プロセス】である。分析結果全体のストーリーラインを次に示す。概念は『　』、カテゴリーは【　】で記した。

母親はわが子の日常の様子に、普通と違うことを『予兆』させるような不安を抱く。その不安を解消するために病院や専門機関へ相談をするがはっきりした診断が下されず、『不安と希望の狭間』におかれたまま月日が経ち、徐々に【得体の知れない不安】を募らせていった。その後、突然の【診断による障害の決定づけ】により、『避けようのない現実への直面』をすることになる。いずれよくなるのではないか、という希望を心の支えに

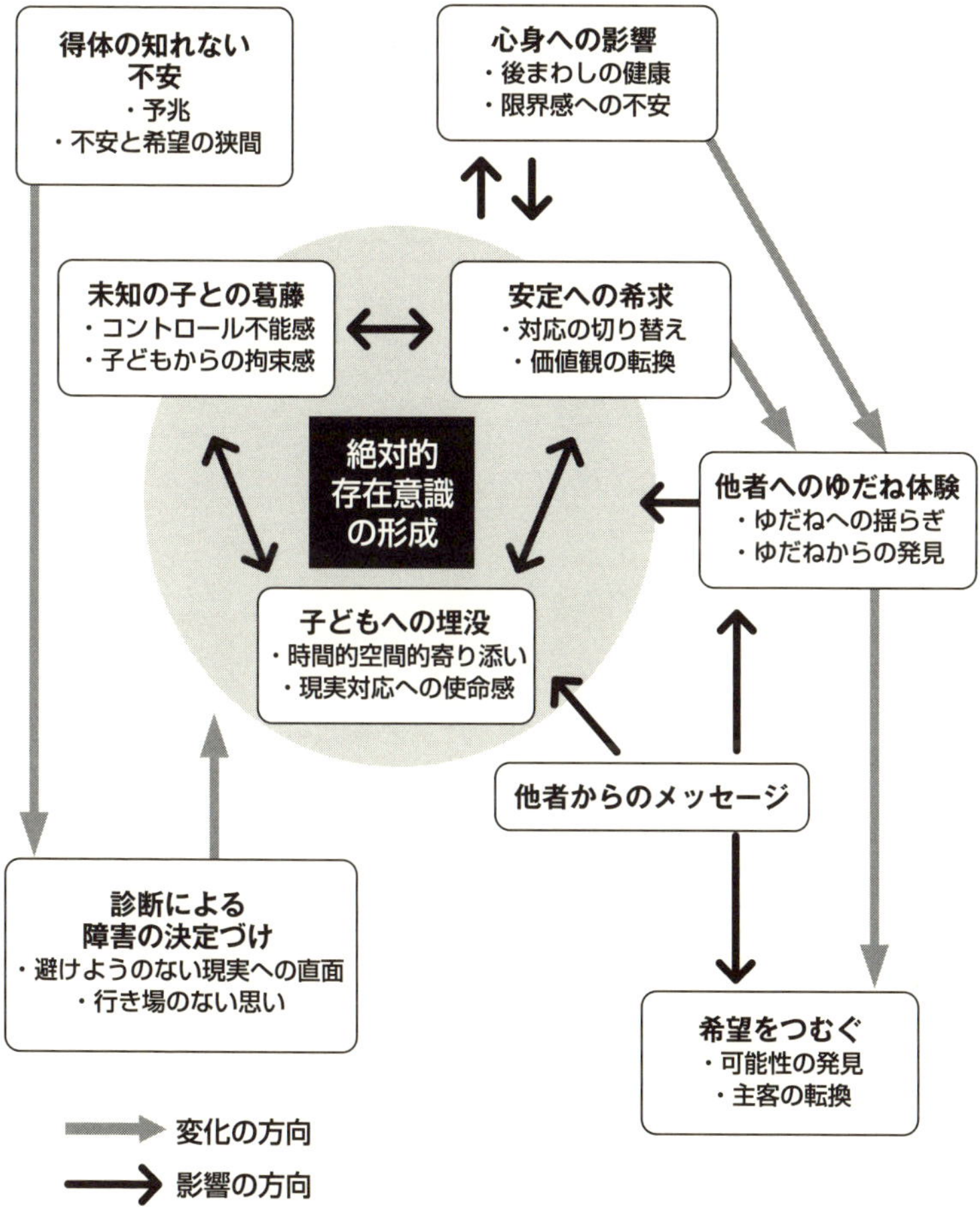
得体の知れない
不安
・予兆
・不安と希望の狭間
心身への影響
・後まわしの健康
・限界感への不安
未知の子との葛藤
・コントロール不能感
・子どもからの拘束感
安定への希求
・対応の切り替え
・価値観の転換
絶対的
存在意識
の形成
他者へのゆだね体験
・ゆだねへの揺らぎ
・ゆだねからの発見
子どもへの埋没
・時間的空間的寄り添い
・現実対応への使命感
他者からのメッセージ
診断による
障害の決定づけ
・避けようのない現実への直面
・行き場のない思い
希望をつむぐ
・可能性の発見
・主客の転換
変化の方向
影響の方向

【絶対的存在意識の形成と変容プロセス】

していた母親は、その希望が絶たれ『行き場のない思い』になる。一方、日々起こる子どもの行動を止めることができず『コントロール不能感』を抱く。また、子ども中心の生活に『子どもからの拘束感』を感じ、わが子でありながらとらえどころがなく【未知の子との葛藤】をしているように感じる。母親は子どもの予測できない行動に『時間的空間的寄り添い』をすることで対応することになるが、そのような自分の存在が不可欠だと思う『現実対応への使命感』をもつようになる。このような日々を繰り返すことで、【子どもへの埋没】を余儀なくされる。【未知の子との葛藤】【子どもへの埋没】を経験するうちに、【安定への希求】への思いを強め『対応の切り替え』や『価値観の転換』をすることでそれを実現しようとしていた。

この【未知の子との葛藤】【子どもへの埋没】【安定への希求】のサイクルは、子どもの成長に伴い出現する出来事に対し、繰り返し適応させながら、母親の【絶対的存在意識の形成】を強化していくことになる。子どもを軸にしたこの生活は、母親自身の健康を顧みない『後回しの健康』という影響を生み、心身の不調への対応を遅らせる結果になっていた。しかし母親は体力の低下や心身の変化から『限界感への不安』を感じるようになると、【他者へのゆだね体験】を決断することになる。【他者からのメッセージ】を後押しにゆだね体験を重ね、その結果、子どもの『ゆだねからの発見』を見出すと【他者へのゆだね体験】が強化され、その行動がさらに『可能性の発見』『主客の転換』と思える変化につながると、将来に【希望をつむぐ】契機となっていた。一方『ゆだねへの揺らぎ』を経験すると、母親の【絶対的存在意識形成】のサイクルが強化されるという影響が見られた。

以下、具体的な内容について述べていく。

●……診断までの苦悩

①得体の知れない不安

a　予兆

母親がわが子の日常の様子に漠然とした違和感をもつのは幼児期に入ってからだった。言葉が出ない、呼んでも反応がない、音に敏感、聞き分けがないなどで、母親は普通の子と違うことを予兆させるような不安を抱く。周囲からは「男の子だから言葉が遅い」「男の子だから活発」といわれ、母親自身も「他の子とちょっと違うかなとは思っていたけど、別に育てにくさまでいっていなかったので一人目はこんなものかなと思っていた」「三歳で言葉が出てこなかったけど、三歳でもしゃべれない子はいるからといわれた」と、子どもの様子を拡大的に解釈し成長によって変化していくことを期待していた。

b 不安と希望の狭間

しかし、年齢を重ねても言葉が出てこないばかりか、飛行機の模型をいつも逆さまにして見る、物がいつも同じ位置にないと泣きさわぐ等、ものの見方の違いやこだわりが目立つようになり、特に多動は母親のストレスや不安を高めていくことになる。

「言葉は通じないし、わけわからない事でかんしゃくを起こすし、多動で追っかけて歩かなければいけないし、何故だ、何故だという感じ」「外に出ちゃったら朝食のお茶碗お膳に置いたままお昼まで家に入れなかったです。ついていないとどこかに行っちゃうから」「家の前がバス停で勝手に乗っていっちゃう。三歳前からそうやって逃亡していましたから」

このような子どもの状態をどう判断していいかわからず、その不安を解消するために、一歳六か月健診・三歳健診で相談したり病院や児童相談所などの専門機関を受診したりするなどの方法で確かめようとしていた。その結果は、刺激が足りない、母親の対応不足、ろうあ者かもしれない、知的障害かもしれない、知恵はあるので問題ない、自閉的だが自閉症ではない、と行く先々ではっきりした診断が下されなかった。

結局、紹介された言葉の教室や養育センターに通う、近医、大学病院、小児専門病院といろいろな医療機関を受診する、刺激を増やすために遊園地へ連れて行く、脳に刺激を与える薬を飲ませるなど様々な行動の試みを行っていた。はっきり診断されない状態は、子どもに何か重大なことが起こっているのではないかという不安を母親に与え、一方でもしかしたら治るのではないかという回復への期待にもつながっていた。母親は不安と希望の狭間におかれ、徐々に得体の知れない不安感を募らせていった。

②診断による障害の決定づけ

a 避けようのない現実への直面

自閉症と診断された年齢は四歳から一二歳で、最初に専門機関へ相談してから早い人で二年、遅い人では九年の年月を要した。診断は今まであいまいになっていた子どもの障害に直面することであり、それが避けようのない現実であることを確認することでもあった。診断までの間にも、子どもとの意思の疎通の難しさや多動、こだわりなど日常の行動は続き〝何かある〟と感じながらも、診断されないことで一縷の望みをつないできた母親にとって、診断は子どもに問題があることを決定づけることであり、いずれよくなるのではないか、という希望が絶たれることだった。

自閉症という診断により、治療や対応方法など障害に対する将来の見通しが持てるようになったわけではなく、自閉症が得体の知れない障害であることを改めて実感し、新たな不安を生み出していくことになった。専門職の対応によっては診断そのものに傷つけられた体験をしている母親もいた。診断のされ方は次のようだった。

●二歳のとき言葉がない、急に歌いだす、偏食、寝ない、迷子などがありいくつかの相談機関に通う。四歳で「教育法も治療法もない重度の精薄」「自閉症と外で言ってはだめ、自閉症と知れると学校にも行けなくなる」と将来を否定される診断をされ「お母さんが面倒見るしかないでしょう」と言われ、絶望的な気持ちになった。

●三歳から、ろうあ者、知的障害、刺激が足りない、問題ない、などといわれてきた。中一で遅れのひどい自閉症と診断。子どもがつかみどころのない障害だとわかり、私の人生はそこで夢も希望もなくなってしまった。

●二歳から病院を転々としたが、話を聞くだけで何の診断もされなかった。自閉的だが自閉症ではないといわれ、希望があるように考えて、治るのではないかという期待をした。はっきりしない状態が続き、この子はこの子なりに一生懸命やっている、この状況を受け止めてやらなくてはいけないのではないかと考えていた。小学校にあがる前によようやく診断。診断のときは、あぁやっぱりそうなんだっていう考えにたどり着いた。

●一歳半ころ言葉が出ないので、児童相談所に通いその紹介で病院に行きいろいろ検査をした。四歳ころ自閉症って言われてビックリした。パーッとなってそのときの記憶があまりない。自閉症っていうのがどういうものかも全然わからないから。戸惑いが大きかった。

●二歳ころからてんかんで始まった。薬を飲んだりして、落ち着けば何とかなるんじゃないかと思っていた。五～六歳ころ診断、病院から帰ってくるとき主人も私も帰りの電車で、本当にどうしたらいいかなぁと思って、途方に暮れ、先が見えなくなった。

●二歳ころおとなしく言葉がないなど気になっていた。三歳になり多動で大変になり児童相談所に行く。親子教室に通いながら、診療所・病院を紹介され四～五歳のとき自閉的傾向と診断された。

初めて相談機関や医療機関を訪れてから診断されるまでに数年を要しているが、この間母親は揺れ動く気持ちを一人で抱え込んでいた。なかには、診断までの時間が子どもを普通に戻すことではなく、子どもの状況をそのまま受け止めていく覚悟をする時間となった人もいた。

b 行き場のない思い

自閉症が「原因不明で治療法がない」という宣告は、母親にとって大きな衝撃だった。どのような障害なのかはっきりしない、先の見通しがもてない、対応の仕方がわからない、という現実を受け入れていくことは容易ではなかった。診断直後母親は、「話す相手がいないのがすごく辛かった」「世間が全くわからなかった。外には出て行けなかった」「正直、親子心中しようと思ったこともあった。残された子がかわいそうだと思いとどまった」と、行き場のない思いを募らせていた。また、その受け入れがたい思いは、療育機関を紹介されて通うことになっても、他の障害児に出会うこと自体を受け入れられず、「最初に行ったときは泣けました。うちはこの仲間じゃないわって認めたくなかった。家に帰ってきたら、玄関で着ているものを全部脱がせて着替えさせてました。認めるまでにホント時間かかりました」と、自分の子が他の子の仲間入りすることを拒む、という行動になっていった。

一方で母親は、その受け入れがたい思いを納得のいくように確かめようと、新たな相談機関や治療機関を探して受診する、自分自身で障害を理解するために多くの本を読むなど、障害を確かめる行動をとっていた。また、治療法や教育法がないといわれたことに対し、ひらがなの読み書きや名前が書けるよう母親自身が教えたり能力開発センターに通わせたり、好きな工作がいつでもできるように材料をそろえておくなど、子どもの変化への試みや可能性をさぐり伸ばしていくために自分が何とかしなければ、という思いでいろいろな行動をとっていた。

●……絶対的存在意識の形成

①未知の子との葛藤

a コントロール不能感

診断の有無にかかわらず、日々起こる子どもの予測を超えた行動に、母親はそれをコントロールできない不全感や拘束感、心身の消耗を体験することになる。

突然子どもがいなくなる、という体験はどの母親にもあった。言葉も話せない子どもがバスや電車を乗り継いで想像できないところまで行ってしまう。探す当てもなく警察や交通機関にお願いをして、見つかるまではいてもたってもいられない気持ちで待つしかなかった。このような体験を何度もすると、家にいても買い物に行っても、いついなくなるか予測ができず、目が離せない、手が離せない、いつも傍にいるという行動をとらざるをえなくなる。今回の対象者六名のうち二名が車や電車の事故にあっており、危険の察知ができないことも、目を離すわけにいかないという状況を強化していた。この行動は幼少時に顕著に見られた。

自閉症には、何故そうするのか理由がわからない、こだわりや多動などやめさせようと思っても静止することができないなど、自閉症特有の行動がある。それが周囲に影響を与えるとよりいっそう母親のストレスが高くなった。外出時は特に、いつ始まるかわからない行動に気を緩めるわけにはいかなかった。それが日々続くことは常に母親に緊張を強いることになり、毎日の生活ではつらいことだった。それらの行動は成長と共になくなるわけではなく、別な行動に変化したり、身体が大きくなることで対応の難しさが助長されたりすることもあった。母親がコントロールできないと感じる子どもの行動は、実に多様だった。

●物が落ちたり倒れたりするとワーッとパニックになる。バスに乗っていて傘が倒れても回数券がひらひら落ちてもワーッと騒ぐ。外で子どもが転んでもパニックを起こす。

●洋服を他の人がちょっとでも触るともうだめ、全部服を脱いで一から着なおさなければいけない。それが外でも電車の中でもはじまる。どうしてそうするかわからず、ただ着るのを待つしかなかった。またいつ起こるかと思うとね。

●数字が好きで、家の外にあるガスメーターの数字が動くのをあちこち見て回り、動いていないと叩くので家の人が飛び出してきて怒られる。

●小さい子を見ると目に手をやりたがる。作業所では頭突きをする。理由はわからないがいろんな事を次から次にする。

●作業所にいく道順が決まっている。途中で道路工事をしていて通れないとパニックを起こし、行かなくなる。

●高いところが好きで、小学校の時非常階段の上に乗っているのを先生が発見し、そっといって取り押さえた。目が離せませんでした。一緒に歩いていて迷子にしたり、奇声とか、パニックになってキーキー言ったりとかしょっちゅうありました。

●レストランでも待てないんです。周りの人に何度も振り返られたり……恥のかきどうしでしたけれど連れ出しましたね。

●思春期に入った頃が一番大変だった。反抗期ですよね、引っかかれるわ髪は引っ張られるわ、帰ってきて機嫌が悪かったらって、もうどきどきしてましたね。原因は分からないけれど、何かにつけてイライラしている感じですよね。だからもう顔色見ながら毎日毎日必死ですよね。パニック起こしたときは、落ち着くまで待つしかないんですよね。投げ出すわけにいかないですもんね。

母親は子どもの言動の理由が分からず、自分にはどうしようもできないという母親としての不全感を感じながらも、長時間子どもと接する体験から、パニックが起こる予兆やどんな対応が混乱を軽減させるか、少しずつわかってくることもあった。母親は、不安定になる要素やパニックが起こる状況を避けるため、先手をうって条件を整えようと、子どもの表情や顔色、食欲や生活パターン、生活環境など常に気を配る必要があった。

b 子どもからの拘束感

母親は、突然いなくなる子どもから一時も目が離せず、いつもどおりの生活が送れるように神経を使い、冷蔵庫の内容に不足がないかチェックし、自分の話す言葉に間違いがないかなどパニックを起こす出来事がないかをいつも気にする生活を送ることになる。母親の生活は、日々の行動に対する具体的な対応方法がわからない以上、安定した生活を維持していくために、大変でも子どもの決まり事に従っていくしかなかった。母親の心身の安定は、子どもの安定した生活なしにはありえないことを母親は実感していた。日々安定した生活を求める結果、母親は物理的・身体的・精神的に子どもから拘束されていくことになる。

●冷蔵庫の内容を毎日チェックする。味噌、マヨネーズ、卵など必ず入っていないといけないものがあり、ないとイライラして落ち着かなくなる。

●完璧主義で、私（母親）が話す言葉の語尾一つ間違っても、もう一回言いなおさなければいけない。こちらは無意識に言っている言葉が、あの子にとってはいつもと違うという受け止めになり、前に進めなくなる。だから間違えないように緊張する。自由に言えない。

●電話魔なんです、もうしょっちゅう。「お母さん○○駅」「お母さん今○○」もう私をコントロールしているのかと思う。

②子どもへの埋没

a　時間的空間的寄り添い

子どもの予測できない行動、特に幼少時は、いなくなることに対し生命の危機感をもっていた。また、いじめやパニック・奇声に対する周囲の容赦ない視線からわが子を守るために、そしてわが子が周囲に被害を及ぼさないように、いつも傍にいる、目を離さないという対応をすることで危険を回避しようとしてきた。〝いつもと同じ状態〟を維持し、気配り目配りをし続けていた。

●幼稚園に一緒に行ったんですよ。最初はね、一緒に中に入ってたんですけど、今度は運動場でもいいだろうって、園舎の少し遠いところから見れるところでね、待機しといて下さいと言うから終わるまで待機しててね。毎日です。

●小学校の時には、小学校の垣根の外から毎日見張ってる状態でしたからね。四年生になるくらいまでは。目が離せないっていうか、先生も大変なんですけどね、あの大きい子もいますでしょ？　だから一人変な子がいると皆で石投げてみて遊んだりするんですよ。

●高校卒業後、お父さんと一緒に自営業の建築の仕事をやらせて、わたしも一緒に主人の仕事場に行ってました。一年くらいかな。

●デイ・センターに一人で通っていたんですけれど、電車の中でちっちゃい子の目を触っておじちゃんに怒られたとか、電車のなかで走って車掌さんにも注意されて……それからずっと送り迎えした。

●就職した子どもと一緒に職場に行って、子どもの足りない分を助けようと思って、子どもが言われるのを傍で聞いて、一緒に組むように仕事を手伝ってたんですよ。

b 現実対応への使命感

生活時間のほとんどを子どもと過ごし、子どもの決まりごとに従い、コミュニケーションがとれないわが子と他者との仲介役を担っていくうちに、子どもの安定した生活には自分の存在が不可欠だと思うようになる。子どもが成長してからも、新たな出来事に対して適応していけるよう付き添い、周囲の環境や条件を調整し、不足を補完するような役割をとっていった。コミュニケーションの難しさ、行動の特性があるがゆえに、日々生活をともにしている自分が一番の理解者、子どもの世話は誰にも替わってもらえない、自分がみるしかない、という使命感を抱くようになる。この使命感が、子どもの生活を成り立たせ、対応の困難さを乗り越えていく原動力にもなっていた。

時間的空間的寄り添いと、現実対応の使命感は、自分でなければ子どもへの対応は難しいという意識を母親にもたせ、母親はますます子どもとの生活に埋没していくことになる。

③安定への希求

繰り返し起こる出来事に、母親の心身のストレスが高まると、子どもの安定した生活を切望するようになる。子どもの生活の安定に対しては、時間的空間的寄り添いと、現実対応への使命感をもって図ろうとしているが、同時に母親自身の意識の転換も安定した生活には必要だった。母親の価値観や常識ではなく、子どもがどうしたいと思っているのか、それが世間から見るとおかしな方法でも、子どもの側から見たやり方に対応方法を切り替えていった。

a　対応の切り替え

母親は、子どもの行動をコントロールできないとわかると、自分の価値観や今までの生活方法、考え方をいったんニュートラルにして子どもの意思に沿って行動を考えようとしていた。

●毎日のようにバスで逃げ出すから、それなら乗せたほうがいいって。電車もついでに

乗せて、バスと電車乗り継いでよく出かけた。

●本人が東急線に乗りたいとか大井町線に乗りたいとか、そうと決めていくと本人が決めたことには意欲的なんですよね。それがわかったから本人の意思に沿おうと思ったの。

●決して私たちの常識を押し付けてはいけないんだなって。だんだんそこまで歩み寄るっていうかね、そうすると楽ですよ。世間一般からするとあわないんですよね。

●子どもの意志を汲んであげるっていうことですよね。ほとんど自分の意思を出さない子だったので、こちらの言いなりになって不満が出てくる。そういうのをわかって暮らせばうまくいくんです。

●自分のやり方は通用しない。いやおうなく本人にあわせる。自分の意思はない。

常に子どもに沿おうとする対応は子どもの安定につながっていくが、一方で母親自身の生活や意思をないものにしていかないとその生活は成り立たない。日常的に一緒にいる人でないと、とてもではないが子どもを理解することができない、という母親の意識がある。母親の犠牲的精神というより、選択の余地なく必要性に迫られて行動を模索していった結果辿り着いた方策なのではないか。この背景には、障害の理解のされにくさや障害に対する医療・保健・福祉・教育制度の不十分さがある。

b　価値観の転換

一日の殆どの時間を子どもに費やしている母親は、日常に起こるさまざまな出来事の受けとめを、自分なりに解釈しポジティブな見方に転換しようとしていた。

●ほんの小さな事でもね。やっぱり見ようとすれば希望になるし、見ようとすれば絶望になるの。見方次第ですよね。だから絶望的な見方をする自分をねじ伏せて、希望的観測を持つっていう、そういうとこってやっぱ辛い事だけど、どっちを見るかですよね。

●まぁ仕方がないなって頭切り替えて、(作業所に) 行かなきゃ行かないでまぁいいや。他の用事ができるからって思わなきゃしょうがないですよね。

●だからね、みんなに言ってるんです。親がね元気なうちにまず一歩踏み出して預けてごらんなさいってね。この子はどうにかやっていけるんだって、見通しつけば安心でしょって。だから私みたいに歳とる前に皆若いんだからやりなさいって。

●子育てっていう部分でいうと九〇か九五までは一緒なんですよ。でも残りの五とか一〇違うことが、ものすごく大きくて、残りの五とか一〇を分かってくれる人を探すには、やっぱり自分から出てかないといけないだろうって思って、誘われた時はとにかくノーって言わないで全部行こうって決めた。

●息子が生まれたことは、ある意味うちの中では不幸なことだったかもしれないけど、そのあと出会った人に恵まれなかったことがなかったので、うまくここまできた感じがする。そういう意味では息子が持ってた運のおかげなんだろうって思ってます。

●暗い愚痴を最終的には笑い飛ばすっていうことも、みんなの中でできた。話をとにかく明るく盛り上げて、いい話に持ってく。基本的にポジティブにそのことをとらえるって発想は、そういう仲間にめぐり合ったのがよかった。

●いっつも電話かかってくると、いいことはかかってこないんですよ。子どもがまたなにかしたとか、なんとかかって。電話のベルがとても怖い。何かにつけて不安と恐怖とか、そういう事にすっかりつかまってたみたいですね、本を読むと。それに気づかされたらですね、あの、電話のベルも心臓も全て解決しました。

●私も引っ込み思案で、でも困ったときは自分からいかないと、ダメだなーなんて思って、聞かなきゃわからないし、黙ってたって教えてくれない感じで、自分から聞いてみないと、と思うようになって。

価値観の転換は、母親にとってとても重要な出来事である。同じ出来事でも、見方を変えれば違うように見えてくる、という経験である。転換の契機は人により違いがあると思われるが、第三者の介入、特に同じ体験者や信頼できる専門家からの働きかけが有効だった。価値観の転換は、母親の揺らぐ気持ちを支え、心を閉ざしてしまいそうな自分自身への励ましにもなっていた。

④絶対的存在意識の形成

母親は、意思の疎通がはかれないわが子と生活を共にする中で、自閉症者に特徴的な行動に直面して『コントロール不能感』という体験を繰り返ししていくことになる。自分ではどうにもできないことに対し、子どもの意思に沿って時間的、物理的に密着するという方法で対処するしかなく、【子どもへの埋没】ともいうべき生活を送っていくことになる。そのような生活を継続することで心身に大きなストレスを抱えると、子どもの生活の【安定への希求】をするようになり、母親の価値観や対応方法を切り替えて安定を図ろうとする。

しかし、就学や就職、担任の交代、母親の病気など、それまで安定した生活を維持できていても、環境の変化、人間関係の変化、子どもの心身の変化などにより新たな出来事に遭遇すると、コントロールできない状況が生じ、母親は子どもに寄り添いながらその問題に対応していくことになる。そして再度安定を求めて試行錯誤していく。このサイクルを繰り返しながら、母親は【絶対的存在意識の形成】をしていくことになる。【絶対的存在意識の形成】は、社会的な支援が得られにくいこの時代にあって子どもを守る手段であり、コミュニケーションのとれないわが子に対し母親が自分の存在を確認するものでもあった。また、長期に子どもをケアし続けていくためには、この絶対的存在意識が支えにもなっていたのではないだろうか。

●……ゆだねへの準備

①他者へのゆだね体験

子どもが成長していく過程で、就園・就学・通所・就職や家族の病気など、母親が望むと望まざるとにかかわらず、わが子を他者にゆだねる体験をしていく。〝自分でなければだめ〟という思いを持っている母親にとって、初めて子どもを他者にゆだねることは大きな決断を要することである。いずれ誰かに子どもを託さなければいけないと思いながらも、ゆだねへの試みは母親の気持ちを揺るがしていた。

a　ゆだねへの揺らぎ

絶対的存在意識を強く感じている母親は、将来必要かもしれないと思いながら、ゆだねることには抵抗があった。

●私よりできる人はいないに決まっているので。そうじゃなければ育てられないし、そうに決まっているから、一番以外の人のところに行くっていうのが私に我慢できるかどうか。でも私も段々老いていくわけですから、もう私がだめだからどこかに連れて行ってっていうのじゃなく、私の目の黒いうちで動けて何でもできるうちに手を離していければいいかなって思うんですけれど。

●お母さん病気になると預けるでしょ、緊急一時とか。うちの子は、そういうのは、よもや考えてないのね。ちょっと無理だと思うので、頼んだことなかったんですよ。自分がどっかへ預けられるとか、そういうのは思ってもないことなのね。また別の不安を作り出す経験をして、面白くないデータが増えるだけだから。

初めてゆだねを体験する母親は、親でさえ目が離せないと思っている時期に、幼稚園や学校で過ごすことができるのか、職場で初めての仕事に適応していけるのか、父親と二人きりでうまくやっていけるのかなど、今までの子どもへの対応が大変だった分だけそばにいないことへの不安が生じるようだった。

●無事に帰ってくるかしらって。見てたとこで何にもできないんだから。本当にもう親の手離れてからはね、親は無力ですよ。いったんもう幼稚園なり学校なり行ったらね、親がしゃしゃり出る所はない。しゃしゃり出ない方がいいですよ。幼稚園も学校もどこにも私しゃしゃり出た事ない。全然。ああしてください、こうしてくださいなんて言ったことない。

●小学校の時には、小学校の垣根の外から見張ってる状態でしたからね。目が離せないっていうか、運動場で校長先生が見張ってる目を盗んでいじめる。親としてはもうそりゃあ気になって仕様がないですよ。

●（就職して）社長が新しいのを教えてたみたいなんですよ。大きめの箱かなんか。そしたらこれホッチキスで留めてるんですよ大きな。あれを手に打っちゃったんですよ、ここからこう。打ち込んじゃったの。大きな怪我ですよね。……痛い目なんか遭わした事なかったから。

●色々な出来事があって、体調がおかしくなって血圧上がって、急遽入院したんですよね。お父さんも仕事休んでこの子と二人で二週間、うちにいて。「大変だった」って言うんですよ、子どもが。ずっと我慢して合わせてたんでしょうね、お父さんに。二週間目になって、携帯電話で話聞いてあげて、それでちょっと落ち着いてね。やっぱりうちにいたほうがいい。

他者にゆだねた結果、子どもがストレスで不安定になる、いじめにあう、障害を理解されない、仕事で大怪我をするなどを体験すると、ゆだねたことを後悔し自分でなければだめだという絶対的存在意識が強化され、次のゆだねに対する抵抗感が生じていった。

b　ゆだねからの発見

ゆだね体験の結果、今まで自分でなければだめだと思っていた母親が、他者の中で新たな子どもの力の発見や適応の可能性を見出すと、他者へのゆだねが強化され、母親の絶対的存在意識が、他者に任せることもできる、という意識へと転換されていった。

●**教えたらちゃんとわかると言うんですよ、親には教えられない。よそ様の手にゆだねるのもすごい大事だなって。**

●あの人がほかの場所でもやっていけるって言うのがわかったの。お父さんが何回もひっくり返ったんで、切羽詰って預けました。最初はやっぱり大変で……何回か預けるうちにだんだん楽しめて。それまでやっぱり手放せないと思いましたもん。色んなアクシデントがあって、そういう気持ちになったんですよね。もう大丈夫だって。

●（NHKのキャンプ教室）今までで一番重かった子を受け入れてくれて、そしたら思った以上に成長したからすごい喜ばれて、親がそれで慰められたり励まされたりするので。そういう人たちに教えられて、親はどうあるべきかって教えられたんですよ。良かったですよ。本当に良かった。

ゆだねからの発見は、一度は見失った子どもの将来に小さな希望の光を見出すきっかけにもなった。特に、両親が高齢となり心身の不調や体力の限界を感じるようになると、今までの子どもの安定した生活のために自分を奮い立たせて頑張ってきたことを、いずれ誰かに託さなければいけないと切実に感じるようになる。ゆだね体験の成功は、残していく子どもに対する希望となった。

●……他者からのメッセージ

幼少時から現在に至るまでの間、母親が混乱と不安を募らせているときに、ほっとさせるような他者からのメッセージを体験していた。今までわかってもらえないと思っていた夫からの一言や、毎日電話で愚痴を聞き励ましてくれる友人、そして同じ障害を持つ子どもの親である。特に同じ立場の人との出会いは、「うちの子だけじゃない」とほっとし、「普段は決してわかってもらえないようなことが分かり合え」「先輩から小さいときは接し方、就学のときは相談先、利用できるサービスや理解のある医師などいろいろ教えてもらえた」と、見通しや知恵を得る機会になっていた。

得体の知れない障害、治療法のない障害と診断され、行動の理由も対応方法もわからないまま生活を共にしてきた母親にとって、同じ親との出会いは戦友・同士というべき存在になっていた。社会的支援が不十分だったこの時代には特に重要であった。また、「将来のこと考えて、預ける体験もしておかなければだめよ」と母の他者にゆだねるためらいを和らげ、母親が一歩踏み出す後押しをする存在でもあった。

●（一番大変だったのは）小学校に入った頃ですね。皆さんそうかと思いますけど、言葉が通じないし喋れないので、将来どうなるかなって凄い悩みましたね。でも、主人がのんきでね、なんとかなるよって言うのよ。だから驚かないの。救いになった。

●二歳ちょっとで小さい子のための会に入りました。そこで担当してくださる先生がたのほかにTさんという方とお会いして、初めてそういう話を分かってくれる人にめぐり合って。それですごく落ち着いたっていう思いがありましたね。

●私はいつも何々ができないってことばっかり見る親だったんです。彼女は「こんなことができてすごい」って言ってくれて、人には差があるからある子は一歳半でできても、ある子は二歳半でいずれはできると、それは時期が違うだけだから、そんなこと気にすることはないって言ってくれた。そうすると自分の子もよく見てあげられる。

●友達がいましたから、その方に愚痴を言って、うん、そうするとその方が何言ってるの、普通の子じゃないんだから、普通の人が一回謝るところを三回も四回も謝らなきゃだめだよなんて。そんな風にいわれました……だから毎日電話なんかでよく愚痴言って。

●あぁ、やっぱり同じような悩み持ってる人が居るんだなってそのとき初めて。もっと早く出会えればよかったなって思ったんですけどね。で、そのお母さん方が活動してるっていうようなこと全然知らなかったし……なんかそういう姿見てると、あ、うちの子だけじゃないと思って、なんかちょっとほっとした。

●兄弟なんかはね、別に愚痴言っても分かってくれないから、私も何もいわないですよね。で、その方が居てくれたからうん、精神的にはね、凄く。遊びにおいでなんていってくれて親子でそこの家行ったりして。

●言い合いした挙句に主人が「俺だってな、仕事しながら電車の汽笛が鳴ると何かしたんじゃないかって心配だ」って言ったんですよね。あぁ、お父さんも口では乱暴なこと言ってるけど心配してくれてるんだな、気にしてくれてるんだって思ったら私も気持ちが収まってたんですよねぇ。

●……希望をつむぐ

自閉症の診断は、母親にとって大きな衝撃であり、将来への希望を絶たれるような出来事だった。しかし、子どもが成長していく過程で予想外の能力や行動の変化を発見することがある。それが母親にとって、子どもの将来の可能性や希望につながる出来事になっていた。

①可能性の発見

母親の感じる可能性の発見は、長年そばで一緒に過ごしたからこそ感じられるもので、それが諦めかけていた子どもの明日に、小さな光がともされたような喜びとなっていた。

●中学に行ってからですよ。子どもの基本みたいなのができてきたのは。先生が気長にやってくれて。それまではとにかく来てればいい、それだけだったんですけどねえ。中学に入ってから小学生の基本みたいなのをね。良かったわ。すごく良かった。

●「もういいよ」って言って「そうか」って。話ができるようになったのが、すごくよかった。

●教会でね、聖歌隊で歌うんですよ。そうすると先生がね、「この子は絶対音感じゃないかね?」って言うんですよ。

●（特殊学級で）刺繍を綺麗にやったの。たびたびそういう事ありましたよ。七不思議の様にパっとやっちゃう。読み書きなんて絶対できないと思ってたら、こんなにわら半紙に書きまくって。みんな書けるようになったんですもん。そういうのって、もう想像できないですよ。

●（就職先探しの実習で）すごい喜ばれて。S君は間違いがなくて良いって言ってくれて。親が間違い多い人なのに。信じられなかった。

●（寝込んで動けないとき）スープ作ってるって言うから見に行ったら、じゃがいも一個ごと入って。もしかしたらあの子、食べるの自分でやるようになるかなって思ったの。すごいそういうのは希望になったんですよ。「かあさん、お薬とってきたからこれで元気になる」って。ドクダミの葉取って来たからね、元気になるって。ビックリしちゃった。あんなの見てね、ほんの小さな事なんだけど生きる希望になる。

●ああいう仕事は好きなんですよね、だから割とブロックの仕事なんかを主人がとってくれて。一段おきに鉄筋を入れるでしょ、あたしがうっかりして横の鉄筋入れるのを忘れちゃってセメントを、ブロックの上にセメント入れますよね、ちゃんと頭までいれちゃうと指摘される。あ、そうか、そうだったねなんて。

●ラーメンはお湯沸かして中に入れて茹でて、具、野菜とおつゆを他のおなべで煮て。それで食べたりしてるんですよね。あぁ、こういうやり方もあるんだなぁって。私が、アレがないアレがないなんて探していると、持って来てくれたり。きゅうりなんか漬けもの切ってると小鉢出してくれたりして。

●お風呂掃除とか、お茶碗洗うとか、そういうのはもう普通の子みたいにやるんですよ。小学校の時から洗濯物は家族分ガーって干して……教えたわけじゃないんですが、今だにずっと、どんなに疲れて帰ってきても全部やる。だから助かってますけど、うん。ちょっとでき過ぎかななんて、普通の子よりね。

●将来どうなるんだろうっていう心配のほうが、占める割合は大きいんですけども。毎日生活していて具合悪いからって言うと、心配してくれて、水運んでくる。そういうささいなことで、「あ、この人も成長したかな」ってちょっと思いますけどね。

幼少時から重い障害で、治療方法も教育方法もないといわれた親にとって、日々の生活の中で発見する小さな変化は、絶望から一明の光を見出すような、大きな喜びと希望につながっていったのではないだろうか。その変化はたとえ小さなことでも、母親はそれをひとつずつ紡いでいくことで次の希望につなげようとしていた。

②主客の転換

主客の転換とは、ずっと世話をする存在だった子どもが、母親にとって頼れる存在、生きる希望だと思えることである。ずっと寄り添ってきた母親にとって、わが子は守るべき存在であり母親の人生そのものでもあった。その子どもが時に頼もしい存在、自分にとってなくてはならない存在として意識されるようになっていた。

●本当に手がかかって大変な部分はたくさんあるんですけど、癒される部分もたくさんあるんですよ。だから乗り切れたっていうね。このひとが居たから私乗り切れたなって。

●（三年前に父親が亡くなった後）家はボロボロで建て替えなきゃいけないし、もう大変だった。でもあの子が一生懸命に働いたお陰でね、お金の方は困らなかった。二〇年以上勤勉に働いてたからすごい財産持ちになったの。H君お金いっぱいあるよって言ったら、「家建てる」って言って。……そんで色々見に行って建て替えたの、とうとう。

●結構あの人が支えだったと思うんですよ。あれが居るお陰で娘が調子悪くなったときも、あの人が居るんでやっぱりこんなことしちゃいられない、とかね。……あの子が居るお陰でおかしくならなかったっていうところはありますよ。ちょっとしたことでね、手はかかるんですけど、癒される部分がものすごく多くあるんですよ。あの声掛けというかね。

●優しいですよあの子。夫婦喧嘩してあたしが泣いてるとね、ちり紙なんて持ってきてくれたり。

●けっこう小さいころに比べたら、生活はしやすくなっているなっていう。例えば、出先から「ちょっと遅くなるから、ご飯炊いておいてちょうだい」とか、そういうときとか。逆に最近はなんか、けっこういろいろ頼っている部分もあって。本当はいつかグループホームとかちゃんと出してやらなきゃいけないんだろうけど、それがちょっと、なんか寂しいなみたいな。

子どもは母親にとって、心配するだけの存在でなく、今を生きていくうえで必要な存在になっていた。

●……心身への影響

①後まわしの健康

子どもを軸にした生活が日常化すると、母親の生活時間だけでなく心身にも影響を及ぼすことになる。子どもの行動の特異性や自分でなければという絶対的存在意識は、母親自身の心身の健康を後回しにすることになり、発病時や加齢による不調への対応を遅らせる結果になっていた。

●小学校の時には、垣根の外から見張ってる状態でした。四年生になるくらいまでは目が離せないっていうか、一人変な子がいると皆で石投げてみたりするんですよ。校長先生が見張ってる目を盗んでやってるんですから。そういうの見てるから、おかしくなるんですよね。

●（中学になって）もう朝起きられないのね。低血圧もあったし。でも起きてましたよ、ちゃんと。お弁当作ってやらないと可哀想だから。

●やっぱり自分はさて置いちゃいますでしょう。具合が悪くてもなんでもね。なんか調子悪いな、胃かなぁと思って、でも病院行かれずに。でもこれはいよいよ駄目だなと思って、検査して、即入院。十二指腸の手術をした。入院中に子どもがだんだんおかしくなって、早く退院した。

●病院に行ってる時間がもったいないって。皆そう思ってると思うんですよ。貴重な時間を、二時間待ってるうちに昼寝できたなと思うと、やっぱり行きたくないと思いますよね。

●体のきつい時はありました。リポビタン飲んでなんとか乗り切らなくちゃ、と思ってね。倒れずによくやってきた。でも夜中に狭心症っていうのかな、あれの軽いヤツ何回かありました。

●どこかで自分の体を騙している。誰もみんなそうだと思います。例えば息子が修学旅行でいなくてもスッキリはしないんですよ。団体行動で制約受けると、ストレスを感じて帰ってくる。それを行く前から思うから疲れる。

②限界感への不安

入院体験や無視できない体調の変化や体力の低下、加齢は母親自身に心身の限界への不安を感じさせるようになる。

●これでもか、これでもかっていう衝撃的なことが起きるので、やっぱりショックなんですよね。仕事がなくなったりすると、子どもは不安定になる。不安定になってくると、もう手に取るように分かるのね。一事が万事、決まり事が多いんですよね。だから、神経っていうのは目に見えないことで、疲れるんだと思うのね。

●二週間入院して一日四本点滴をした。それに、身を任せて。今思うと、あれは自分の唯一の自由だった。そうでもないと、そこから解放されないから。

●私の場合は老化もあるでしょうけれど、この心臓です。もっとしゃっきりしてってって思うけれど、一人しかいないすごい障害の重い子を抱えていたらね、それに良く分かららないから、すっごい心配しちゃうのね。

幼少時から現在に至る三十数年の年月を、子どもの生活の安定を最優先し、自分自身の心身の状態を顧みずにきた結果、どの母親も何らかの病気を抱え、中には深刻な状態にある人もいた。それにもかかわらず、受診や休養のための時間が取れない状況におかれている。母親に代わって安心して任せることができる存在がいない限り、母親は無理を押し込めてみるしかない状態におかれることになる。

子どもの送迎に遅れるといけないから受診しない、子どもが不安定になってきたから早く退院するなど、現状が続けばいずれ母親に大きな健康問題が起こってくることが予測される。母親は、それを承知の上でそれでも自分が頑張るしかないと思っているのである。この現状が、母親や家族を支える支援体制の量的・質的不足によって引き起こされていることは明らかである。その不足を家族、特に母親に任せることで、母親に起っている問題自体が見えにくくなってしまっているのではないだろうか。

第 3 章

介護者・母親に起こった生活変化とその構造

確率からいえば、家族の誰かに認知症が起こることや、障害を持った子どもが生まれることは、誰もが経験する可能性があることである。しかし、いろいろな可能性を考え、そのときのために備えをしておくことは稀で、突然その事態に直面することになるのである。今回の対象者も、今までの経験や常識では対応しきれない出来事に遭遇し、〝自分が看るしかない〟状況に追い込まれた人たちである。特に診断や治療が確立していない時代にあっては、なおさら家族に依存しなければ認知症者や自閉症者の生活は成り立たなかった。長期にわたる介護・養育体験は自分自身の思い描いていた人生を変えるような体験であっただろう。このようなプロセスを体験した人たちに特徴的に起こったことと、その影響について述べてみたい。

1　抱え込みと解放

原因不明で病気や障害の診断が十分確立されていない、治療方法がない、介護の方法がわからない、病気や障害の見通しがつかない、法制度が未整備で社会的支援が得られない、周囲の人の理解がえられない、このような、ないない尽くしで始まる家族の介護・養育は、認知症や自閉症に限らず他にも存在し、時代が変化しても起こりうることだろう。抱え込みは、介護者・養育者の意思というより、病気や障害の特性と社会的条件の未整備が起こす現象であり、そこからの解放は介護者・養育者が自分の生活を取り戻していくために必要なことだった。

1 認知症者の介護者の場合——絶対的直接体験性と閉塞感からの解放

絶対的直接体験性とは、認知症者の介護が知識や想像することで解釈できるのではなく、日々の認知症者と介護者の相互作用の中で解釈される世界で、体験がないとその不可思議な世界を理解するのは難しいという認識である。どの介護者も異口同音に、「介護している人でないと介護の大変さはわからない」と語っていた。介護者は認知症の症状に戸惑いながら、身近な人に相談してもわかってもらえない、信じてもらえないという体験を何度もしており、直接介護を体験しないと説明しても理解されない、という認識に至っていた。特に、認知症に対する知識が一般に普及していない時代では、絶対的直接体験性への認識が強かったと考えられる。

この介護体験の絶対的直接体験性という認識は、体験者と体験のない人の解釈に微妙なズレを生み出し、介護者は家族にさえ理解されないという気持ちから、苛立ちや孤立感をつのらせていった。特に介護者自身がこの症状を病気のためだと納得できずにいる時期は、このストレスがさらに大きなものとなっていた。

このような状況におかれた介護者が、その閉塞感から解放される体験をしていく。閉塞感からの解放とは、孤立感をつのらせていた介護者が、家族の会で〝絶対的直接体験性〟を共有できる仲間に出会い、目の前が開けていくような体験をすることである。

共通体験者との出会いにより、話しても無駄だ、と閉ざされていた気持ちが開放され、苦楽を共にできる同士がいるという安堵感が得られていた。また、体験者と話すことで症状が認知症のためだと納得できたり、他者と比較し先の見通しが持てるなど、対処の仕方や生活を見直す機会となっていた。

共通体験者との出会いは、介護の大変さが受け止められ、認知症への対処方法や先の見通しを持つ機会であり、閉塞感から解放されていく体験であった。〝絶対的直接体験性〟という認知症の介護に対する認識と、そこから開放されていく体験が、介護者にとってどれくらい大きな影響を及ぼすか、その効果や重要性を介護者自身が体験的に受け止め理解していった。

2 自閉症者の母親の場合——絶対的存在意識の形成とゆだね体験

第2章で、自閉症児の母親の絶対的存在意識が形成されていくプロセスを述べた。自閉症がどのような障害なのか、何故そのように行動するのか、どうしたらコミュニケーションをとることができるのか、それがわからなくても母親は子どもと二四時間向き合う生活を送ることになる。わが子の生活を成り立たせるためには、幼少時は特にそばにいて食事や着替え、洗面、入浴、排泄などがうまく行えるように、一つひとつ手探りでその方法を見つけていく必要があった。コミュニケーションがうまくとれない状況に対しては、子どもから目を離さないようにし、行動や表情を観察し変化を察知するという方法で補っていた。

子どもを理解したいという思いは日ごろの行動の激しさ、不可解さとあいまって強くなり、母親は子どもとの生活経験を重ねていくうちに、子どもの生活パターンやどんなときにパニックを起こすのか、何にこだわりがあるのか、物の見方や感じ方などを少しずつ感じられるようになる。事故やいじめから守るために、またわが子が他者に危害を及ぼさないように、物理的にも密着する方法で対応せざるを得なかった。さらに第三者との仲介をするなど、母親は子どもと社会の媒体としても不可欠な存在になっていく。そして子どもの生活が成り立つためには、自分自身が不可欠だという認識に至る。

わが子が理解できない、という悲しみは大きい。母親としてのジレンマや不全感を持つ可能性もあり、絶対的存在意識の形成は、母親としての役割や存在価値を母親自身が確かめていくために必要なものでもあった。しかし一方で、目が離せないという拘束感や予測できない出来事に心身のストレスを高めていく結果も招いていた。また、母親は自分が将来的にもずっと子どもに寄り添っていくわけにはいかないことを承知しており、子どもが他者の中で生きていく必要性を感じ、それが他者にゆだねていく体験の試みとなっていった。

絶対的存在意識の形成とゆだね体験は、ライフサイクルの中で新たな出来事や大きな節目に遭遇すると、また調整しなおす必要があった。たとえば、就学や作業所への通所など環境の変化に子どもがうまく適応できない状況を察知すると、母親は日常的にそばにいて適応を助けたり、職員と子どもの仲介役を担ったりしていた。ゆだね体験は、必ずしも成功するとは限らず、失敗すれば絶対的存在意識が強化されていくという関係があった。しかし、ゆだね体験により子どもの可能性を発見することも少なからずあり、〝自分でなければだめ〟という母親の意識が〝他者の中でもやって行けるかもしれない〟という意識に変っていくことは大きな認識の転換であり、閉ざされていた将来の可能性が開いていくことでもあった。

抱え込みは、介護者・母親が逃れられない状況の中で、認知症者・自閉症者の日常的具体的対応を迫られた結果みつけた対処方法だといえるのではないだろうか。また、両者の在宅生活を可能にするには、それだけの丁寧さが求められるということでもある。そこから解放されていく意味は大きく、第三者の介入、特に同じ立場の人や信頼できる存在の介入が必要だった。

2　見えなくなっていく個人としての存在——介護者・母親として生きていく

今回の対象者たちは、自分の生活時間とエネルギーの多くを介護や養育に費やしてきた。良き嫁、妻、母親としての役割を遂行するためというより、認知症や自閉症の特性と社会的な条件との関係により、避けられない現実として介護者役割・母親役割の生活を規定されてきたのである。周囲の人からも自分自身でも、〝介護・養育をしている人〟として見ることで、その人個人の存在は隠れて見えなくなり、ライフサイクル上の発達課題や個人の人生の目標、健康、当たり前の生活が奪われていることに介護者も母親も周囲も気づかなくなっているのではないかと考える。

1　認知症者の介護者の場合

認知症の症状の変化は、今までできていたことが少しずつできなくなっていくというプロセスをたどる。しっかりしている部分とそうでない部分が混在している時期は、介護者はそのギャップをどう受け止めればいいのか、理由探しをして起こったことを何とか理解しようとする。「ボケる、なんて言葉、知らなかったですもん、その頃」と介護者が語ったように、それが認知症によるものだと思いもよらず、介護者は認知症者の言動に振り回されることになる。月日が経つにつれて変っていく様子に、齢だから、手が悪いから、目が悪いからという理由では説明できない出来事に遭遇していく。

インタビューでは、何年も前に終了した介護であるにもかかわらず、数え切れないエピソードが昨日起こった事のように語られ、その出来事の強烈さと対応の困難さがうかがえた。「すっぽんぽんで、団地の庭に寝そべってみたり、布団を外にみんな放り投げてみたり」「身支度ができなくなって、夏なのに冬物を何枚も着てしまう」「三階に住んでいて、水洗便所のあの、ロータンク？　あれは割っちゃって、下の家が水浸しになった」「徘徊がひどくて、タクシー止めて、何回もタクシー乗って徘徊するの」「今まで、お漏らしなんかしたことない人が布団を汚すようになり、布団を取り替えて寝かしたら、またやっちゃったんですよ。その間に、イスに座らせてるとそこでもするの」「私の主人を指差して、あんたの友達いつも家にいるね、怠けもんでしょ、あんた別れちゃいなさいよって言う。主人がカッとなって嫌な顔するのよね」など、認知症者の今までを知っている介護者にとっては信じられないような変化だった。介護者は目の前に次々と起こる出来事の対応を迫られ、自分が看るしかないと決心していく。中には仕事をやめて介護しなければいけない状況に追い込まれた人もいたが、他に方法がなく仕方ないと受け止めていった。

●見守ったんじゃなくて、いつも見張ってた。

●みていれば、いいおばあちゃんですから、私がいなくなると、わさわさわさわさ、動き出して、離れられないですよね。

●まだ私たちの年代だと、親の面倒をみるのは、当たり前っていうのが、どこかにあって。あんまり言えなかったんだけど、やらねばならぬ、というようなのはあったわね。

●なんにもなかった。サービスもなかったでしょ。治療する方法がなければ、家でみる以外なかったから。

●手編みを教えて三〇年、子どもがいないから一生の仕事だと思ってやっていた専門学校の講師を全部辞めたのね。今まで私は何をしてきたんだろうって、もうその時にパニックになっちゃったわけ。やっぱり、割り切るしかないですよ。目の前にいるんですよ、病人さんが。

日中だけでなく、夜間も目が離せない介護は、介護者の生活を認知症者中心の生活に変更せざるを得なくなる。認知症者の徘徊について行き、トイレや入浴の時間を見計らい声をかけ、同じ会話を繰り返す。介護者が今まで通っていた趣味の会、子どもの授業参観、自治会の役割、家族揃っての旅行や食事など、当たり前のようにできていたことを諦め、友人の誘いを断っていくうちに、それまでの友人・近隣関係が途絶え、地域から孤立していくことになる。認知症者を連れて外出しようとしても、いつどんな状況になるか予測できず、周囲への気遣いがある。認知症に対する社会的理解や介護者を支えるサービスのなかった時代には特に、高齢者の介護は家族がして当たり前、という観念が一般にも家族にも介護者自身にもあり、介護者個人としての生活ではなく〝認知症者の介護者〟として生きていくことを期待されることになる。介護体験プロセスに見られた「反動としての無気力状態」に現れたように、介護者が介護に多くのエネルギーを注いできた結果、その対象がいなくなる事で自分の生活を見失ったような経験をしていた。介護者はここからまた、失った生活を取り戻していかなければならなかった。

2　自閉症者の母親の場合

ある母親は、一番つらかったときの状況を「いつも金魚ばちの中にいるようだった。外はいくらでも見えるのに、外に出て行くことができない。二人っきりの世界にいるしかなかった」と語った。周りの世界と今自分がおかれている世界の隔たりを強く感じながら、自分ではどうしようもない、助けを求めても聞こえない、自分と子どもが、隔絶された世界に封じ込められてしまったような感覚だったのだろう。

自閉症児の養育は、自閉症の特徴から派生する様々な言動に応じていかなければいけない。これは、単にその場面だけの対応でなく、子どもの生活全体を見通したかかわりが必要になってくる。ちょっとした表情の変化を察知するためには、いつもの表情を知らなければならないだろうし、いつもと同じ生活を送っていくためには、分刻みの生活パターンを知っておかなければならない。子どもが何に関心を示し、何が苦手なのか、外出の時にはどこに注意をしなければいけないか、など個々それぞれに違いがある。専門職が自閉症に関する一般的な知識をもっていても、一人ひとりの特徴や日ごろの生活を理解していないと適切なケアは難しいだろう。

母親は、長年子どもに寄り添い生活時間を共に過ごすことで、子どもの一番の理解者となっていく。一番の理解者であることを母親自身も家族も専門職も認識し、その結果養育責任を母親一人に任せていく、という構図があるのではないだろうか。母親が子どもの一番の理解者だと感じられるには、子どもの世界を共有していく日々の努力があった。

●子どもの突然いなくなる理由が、バスに乗ることだとわかったので、はじめは止めていたけれど無駄だとわかり、一緒にバスに乗っていくことにした。同じ会社のバスに

次々に乗り継いでいく。一年くらい続いたかな。子どもがバスに乗って喜んでいるのが救いだった。後にこのバス路線を全部覚えていることがわかった。

●マンホールに関心を持つようになり、雨の日も風の日も団地中のマンホールを探し回り、見つけるとしゃがみこんで耳をつけてまわった。周囲の冷たい視線に傷ついたけれど、私も一緒に耳をつけてみたのです。そうすると、マンホールからは日によって違う音が聞こえてくる。子どもはこれを楽しんでいたのだとわかった。

●自閉症の子は一番共感っていうコミュニケーションをとるのが難しいので、それには親が子どもに共感する事が大事で、絵に描いてる洗濯機と実際の洗濯機とこれ同じねって。そうすると子どもが同じねっていう言葉を覚えまして。ある時、花壇にチョウチョが舞っていて、そしたら「ママ、ママ同じね」って。なんだかわからないけれど、そうね同じねっていって、子どもがいる方に行ったら、チョウチョがいて、あっ、これ本に出ていたチョウチョとおんなじねっていったら、すごくうれしそうな顔して。

このような子どもとの関係や体験の共有が、母子関係をより強くし、子どもの意思に添う生活が強化されていく。母親の人生の中で子どもの養育には終わりがない。母親自身からは「子どもにあわせているから自分の意思はなくなっている」「自分の生活はない」「自分はもういい、この子のことだけ考える」と、今の生活をやむを得ないこととして受け止めているような発言があった。母親は言う「子どもの安定が私の幸せ、子どもの幸せが私の幸せ」。母親は養育役割によって制限されてきた自分の今までの生活を、子どもの存在を通して自分の存在を確かめようとしていた。

病気や障害をもちながら、安心して生活していくための条件が整わなければ、そのしわ寄せは容赦なく認知症者、自閉症者や家族に押し寄せてくる。本来は国が保障し護っていかなければならない人たちの生活を、母親だから、家族だから、という理由だけでその責任を任せってしまっている現状がある。介護者・母親はその暗黙の期待と、認知症者、自閉症者にとってどの場で誰が介護することが最適かを考え、一身にその担い手として矢面に立っている。無理を承知で自分の生活を封じ込めているように見えてくる。

3　健康問題

介護者・母親の健康問題は、長年の生活が積み重なって起こってくるものである。いつも目が離せない気が抜けないという生活、昼夜問わない生活、周囲からの無理解な視線、相談者もなく孤立した生活、症状に振り回される生活、コミュニケーションがとれない等々、長年続いていく不眠やストレスフルな生活が心身に影響を与えるであろう事は容易に想像できる。しかし、介護者・母親は体調がすぐれなくても容易なことでは受診しない。「受診する時間がない」「もし入院といわれると困るから」など自分の具合の悪さと、自分がいない場合の本人への影響を天秤にかけて、受診を決めていた。介護者・母親の健康問題も、深刻でありながら隠れて見えない。

1　認知症者の介護者の場合

一九八〇年代に始まった対象者の認知症者への介護は、不可解の連続だったと思われる。配偶者や親が変わってしまった姿を信じることができず、思いもよらぬ言葉に傷つき、昼夜逆転の生活や徘徊などの行動に目が離せない毎日、親族からの軋轢、このような日々の積み重ねが介護者を苦しめ、理不尽な感情を持ちながら誰にも理解されず心身のストレスを高めていった。

●寝ようと思って横になると〝おーい、おーい〟ってそばに行くまで呼ぶの。そんなことが何日も続くと自分がどうにかなってしまうのではないかと思った。

●テレビが一日中、つけっぱなしになってる。耳が遠いから、すっごい大きな音なんですよね。それだけでも、おかしくなりそうだったわね。

●子どもがいないから、人に謝るなんてこと、ないじゃない？　でも、父のしたことはこっちがしなきゃなんないと思って、朝から頭下げて回ったりしてさ。本当、ヘトヘトだったわね。

●失禁がひどいんですよ。毎朝毎朝。今みたいに、介護用品がないから、オムツも最初は布オムツを作ったんですよ。洗濯機だって、今みたいに、大きくないから、一日中洗濯しないと間に合わなかった。

●風邪をひいて熱があっても寝ていられなかった。夫も会社を休んでくれなかった。

●近所に食事を食べさせてもらっていないと言いに行く。それを聞きつけた小姑が、親の面倒を見ないつもりか、と怒鳴り込んでくる。

●自分の親も病気をし、車で二時間半かけて実家と自宅を往復した。よく事故を起こさなかったと思う。あの時は冷静な判断ができなかった。

●この頃になって体の体調がおかしいなと思って検査したら、心電図が、ちょっといけない所があって、心臓にきてるって。先生に言わせると、たぶんストレスからきてるんじゃないかって。

こういう状況にあっても、介護者は〝嫁だから、妻だから〟自分が看るしかない、いつまで続くだろうと思いながら限界まで介護を続けていた。時には倒れることでしか介護から解放されない悲劇もあった。介護の役割が家族、特に女性にあるという規範はまだ現在でも根強く残っている。その価値観が根源にあり、介護者の健康問題をやむを得ないこととして覆い隠しているのではないだろうか。

2 自閉症者の母親の場合

今回の調査対象となった六名の母親の健康状態は表1に示したとおりだった。母親の年齢は六〇歳以上だが、どの母親も何らかの疾患をかかえ、受診や治療を早期にできなかった経過を、仕方ないことと受け止めていた。子ども中心に生きてきた三十数年の年月が、母親自身の生活や健康に与えてきた結果である。

表１　母親の健康状態

	母親の年齢	母親の健康状態	子どもの年齢
A	62歳	高血圧・入院、紫外線アレルギー、腱鞘炎・手術、咽頭炎、喘息、肝機能障害	39歳
B	67歳	心臓弁膜症	39歳
C	69歳	十二指腸・入院手術	42歳
D	60歳	高血圧・高脂血症	30歳
E	65歳	胃炎・胃カメラ	35歳
F	60歳	円形脱毛症、高血圧・服薬	30歳

二〇〇四年に、自閉症者の主養育者に対し健康状態のアンケート調査を行った。（標　二〇〇五）今回のインタビュー調査を補完する形で簡単に紹介してみたい。

調査対象は東京都、神奈川県、千葉県在住の自閉症団体に加入している自閉症者（一八歳以上）の主養育者四〇〇名で、二〇〇四年二月〜四月に調査を実施した。郵送による無記名自記式アンケート調査で、回収二一四名（回収率五三・五％）だった。調査の内容は返送をもって承諾が得られたとみなした。

調査結果は、子どもの平均年齢二七・五歳（一八〜四三歳）、療育手帳の重度・最重度は約七〇％、コミュニケーションのとりにくさは八五％の人にあった。回答者のうち母親は九割で残りの一割は父親・兄弟だった。「養育者がお世話をする時間」では、「ほとんど必要ない」

人が四四名（二〇・六％）、「二四時間」「家にいるときはほとんど」、と答えた人は一〇八名（四八・一％）と半数弱が長時間に及ぶ介護を実践していた。主養育者の健診受診状況は一二三名（五七・五％）が受診していて、四〇名（一八・六％）は五年以上または一度も受診していなかった。受診した人のうち「異常なし」は四八名（三〇・七％）で、七〇％近くの人に何らかの変調が見られた。受診が必要になったときに、「受診したくてもできない経験」の質問では、四四名（二〇・六％）があると答えており、その理由は「時間が気になる」「お世話を代わってくれる人がいない」「気持ちの余裕がない」だった。

自由記載では、「気持ちの中では二四時間体制」「ずっとストレスがかかっていたのが原因で、自律神経失調症とか心臓に来てしまった」「更年期に入って体調がすぐれない。今後が心配」「六五歳になってだんだんくたびれてできなくなってきた」「具合の悪いときゆっくり休みたい」「自分の時間がほしい」「あと何年できるか」などの不安が多く出されていた。この調査対象者もまた、長年にわたり一日の多くを子どもに寄り添い、子ども中心の生活を送ってきた人たちである。「休みたい」「自分の時間がほしい」という願いは切実である。自分の体調不良のときでさえ、時間が気になり受診をためらっている、という実情は見逃すことのできない問題だと考える。

認知症者の介護者、自閉症者の母親は、いずれもその症状や行動の特徴から、目が離せない、自分が看るしかない、という状況におかれ、気持ちが休まらず、一日の多くの時間とエネルギーを注いで介護・養育をしてきている。それが長期間に及べば介護者への影響は避けることができない。

介護者や母親の状態だけに着目すれば、健康状態が悪化しないうちに受診し生活改善をはかるべき人であり、何よりも休養をとり心身の負担を取り除かなければいけない人たちである。それが、介護をしている、障害を持つ子どもがいるとわかったとたん、仕方ないという意識が起こってくる。介護者や母親の健康状態の悪化は、直接的に認知症者や自閉症者の在宅生活に影響を及ぼすことになる。介護者・母親が休息時間を十分取り、日ごろの役割から解放され自分を取りもどすためにも、介護者・母親への支援の充実が急務である。在宅サービスの充実はもちろんであるが、一人で悩みを抱え込むことがないよう、同じ立場の仲間や、近隣で理解し支えあえるしくみが必要なのだと考える。

4　キャリア形成——素人の専門性

キャリア形成とは、介護・養育体験から具体的な問題や困難なことへの対処行動を会得したことを積み重ね、それを他者に伝えていくことを通して素人が専門性を身につけていくプロセスである。素人の専門性とは、日常生活を送る上で生じたさまざまな困難や支援を要する出来事に対処していく能力、体験者でなければ持ち得ない知恵、工夫、見方のことである。認知症者の介護者と自閉症者の母親は、自分の介護・養育体験と同じ立場の人との活動を通し、キャリア形成というべき専門性を身につけていったと考える。

家族のもつ専門性とは、介護者や母親の生活それ自体を巻き込んでいくような生活体験から生まれた独自な実用的、実践的解決方法及び知識や技術の蓄積である。長年の介護・養育体験と家族の会の活動や交流により培った具体的・実践的な知恵の蓄積は、専門家にもない体験者の専門性だと考える。

今回対象となった認知症者の介護者の場合、全員が家族の会の役員であり、その専門性を会の活動の中で発揮していった。具体的には、自らの体験から得た知恵をそのままの形で伝えるのでなく、相談や懇談会に携わりながら自身の介護体験を何度も再現し、再現しながらポジティブ体験に転換して対応方法や技術として伝えていったのである。

このような専門性を身につけた家族の会役員から受ける影響は、介護を経験した人でなければわからないという〝絶対的直接体験性〟への共感や、〝あの一言〟による介護認識の転換などに現れているように、介護者にとって重要な転機となる影響を与えている。また、相談する側の介護認識をネガティブからポジティブに転換していく効果も重要であった。その具体例を挙げると、長期にわたる介護、時には自分の人生を変えてしまうような体験を、肯定的に転換する契機として、他者の語った「おばあちゃんからのプレゼント」という共通した言葉を積極的に受け入れ、肯定的に転換し受け止めていった。

●義母がくれたプレゼントだと思っている。……おばあちゃんが残してくれたものを、誰かに役立てることができればいいなと思った。

●おばあちゃんが呆けていなかったら、こういう会があることも知らなかったし、皆さんにも会えなかった。

●おばあちゃんに大きな仕事もらって、気分転換ということを教わった。今だめでもきっとよくなる。ちょっと見方を変えればよくなるっていう。

●おばあちゃんが私にこれだけの友達をつくってくれたの。おばあちゃんのプレゼントだと思うの。

ここでは介護の与え手が、プレゼントを与えられる側になるという価値転換が起こっていた。

自閉症者の母親の場合も、通所している作業所の家族会や、養護学校の親の会、幼少時に利用していた一時預かりの場を運営する親の会など、全員が何らかの家族会に加入して活動していた。そこでの交流や情報交換、支えあいが、自分が看るしかないという〝絶対的存在意識〟を、ゆだねていくのも悪くない、という価値観の転換に大きな影響を与えていた。自閉症の養育は、具体的な技術というより、母親自身の受け止めに対するサポートが必要になる。特異な体験だけに体験者のアドバイスや後押しは重要だった。さらに、このような影響を受けた家族が、その体験を個人的な体験として終わらせるのでなく、そこで会得した知恵や技術をほかの家族に伝え、影響を与えていくという重層的な相互作用がみられた。

5　メディアとしての介護経験

メディアとしての介護経験とは、認知症者の介護経験や自閉症者の養育経験が特異であるが故に価値を見いだし、その経験を媒体として社会活動に参加することである。

ここでは認知症者の介護者の場合を例に述べる。今回の対象者は、全員が介護終了後も家族の会役員として活動している人たちだった。役員活動に参加していった理由を次のように語り、自分自身の大変だった介護経験を今介護している人に役立てたいと考えていた。

●私が介護していたころは、〝そうね〟と言って相槌を打ってくれる人が誰一人いなかった。だから今介護で困っている人がいるなら、一人くらいは相槌うたなければと思った。

●自分の経験がこのまま消えたらもったいない。

●そんなに大変な人がいるのなら、自分にも何かできることがあるかもしれない。

●あんなに一生懸命やったのに、知っていて手を出さないのはもったいない。

また、介護を終了した自分にとって、役員活動が必然性のあったことを意識していた。

●介護が長いから、それ抜きには（自分の人生は）考えられない。

●役員は自分のためにやってきた。介護が長かったから、そのことを取られると自分の人生がなくなる。介護が生活そのもの。

介護者は、自身の経験から認知症者の介護が周囲に理解されにくいことや、今までの経験だけでは乗り切っていくのがむずかしいことを知っており、介護経験者の存在価値を経験的に理解していた。そういう経験を役立つはずだと認識した上で、その経験を媒体として、家族の会役員という活動に参加していた。

さらに、家族の会で身につけた経験を家族の会だけでなく、地域の別な場で発揮している人たちがいた。今回の対象者は五人中四人が、家族の会役員として活動に参加しているだけでなく、居住している地域のデイ・サービスや家族の会等の活動に参加していた。

●看取ってから、近くのデイ・サービスに行っている。少しでも皆さんのお役に立ちたい。

●Y会には、おばあちゃんが亡くなって、ずっと行っている。家族じゃなければわからない部分を、埋めなければ、という思いがあるもんですから。

●（看取ってから）ボランティアがするデイ・サービスの会を全国で初めて作った。……このままやめたら立ち上がれなくなりそうだって思ったのね。

地域の活動に参加している人たちは、家族の会を通して支えられた経験や、役員活動で身につけた事柄を、家族の会だけでなく身近な地域の活動にも還元していた。

介護経験を媒体として連鎖的に社会参加を広げるこれらの行動は、支えられ手としての経験を、支え手の技術として転換し発揮していく行動であった。また、これらは長期にわたる介護により中断あるいは断念してきた自分の人生の目標や役割を、介護終了後に介護経験を媒体とした社会への還元を通し、埋め合わせ、あるいは折り合いをつける行動でもあった。さらに看取り後の無気力状態から自分を立て直していく戦略でもあった。

6　介護者・母親の生活変化における特徴

今回の対象者が経験してきた介護・養育生活に共通する特徴として、ひとつはインフォーマルな関係の中で生活支援を行ってきたということである。両者が経験してきた時代的な背景から、専門的なサービスはほとんどなく、認知症や自閉症に対する情報も得られないまま、家族の会等のサポートを受け、時間的・物理的に寄り添う、という方法で対応していくしかなかった。その寄り添うという関係が、認知症者と介護者、自閉症者と母親の強いつながりを築き、結果として抱え込みという現象をもたらしていた。また自分が看るしかない、という心身のストレスや負担感から、健康への影響を及ぼしていったと考えられる。

二つ目は、長時間・長期間に及ぶ介護・養育を経験してきていることである。その期間は、認知症介護者で平均八・八年、自閉症者の母親では三〇年以上だった。時間的・物理的な寄り添いを必要とする期間が長期に及ぶことで、介護者・母親自身の人生や健康に影響を与えることになる。また、個人としてでなく、介護者・母親としての人生を生きていくことを余儀なくされていったのではないか。

三つ目は、介護・養育経験の特異性である。両者とも特徴的な言動があることと意思の疎通の図りにくさがある。介護者・母親の今までの経験では予測や対応ができない出来事に遭遇する。それが一方では、抱え込みという状況に結びつき、また一方ではその特異な経験の積み重ねが、同じ立場にいる他者に発信することで役立っていくという効果を生み出していった。

第 4 章

健康マイノリティの発見

森永ひ素ミルク中毒事件と一四年目の訪問

唐突だが、森永ひ素ミルク中毒事件は皆さんの記憶に残っているだろうか。この事件は、昭和三〇年六月頃から、西日本一帯に粉ミルクを飲んでいた乳児に特有な病状が出現し、当初は奇病扱いされていたが、共通して飲んでいた森永ドライミルクを調べた結果、ひ素が混入しそれが原因の中毒であることがわかった。森永乳業は、昭和二八年ころから乳製品の溶解度を高めるために、安価な工業用のひ素を触媒にして作られた化合物を粉ミルクに添加していたのである。

昭和三一年には全国で一万二一三一人が中毒症状を起こし、一三〇人が死亡している。厚生省（当時）は専門家組織を設置したが、医療問題の委員会では「ほとんど後遺症は心配ない」との見解を公表した。それに異を唱えた親たちの声に押され厚生省は被害児の全国一斉精密検診を実施したが、一年後には検診受診者六七三三人のうち六六四三人を、四年後には残る九〇人も全員治癒と判定し、被害児はそのまま放置されたのである。

重い後遺症に苦しむわが子を前に、自分のこの手で毒物を飲ませてしまった、という母親の自責の念は大きかった。一四年後（昭和四四年）、公衆衛生学会で大阪大学の丸山博教授が「一四年目の訪問」を報告した。（丸山博 二〇〇〇）昭和四三年から養護教諭、保健師らが手弁当で被害児六八人（うち一名死亡）の追跡訪問調査を行い、子どもと家族が苦難の生活を送っている事実を明らかにしたのである。その結果を、〝岡山県森永ミルク中毒の子どもを守る会〟の地道な調査活動が後押しし、全国の被害児の親たちは再び結集、恒久救済を求める闘いを開始した。

昭和四八年九月、森永乳業は、ようやく「恒久対策案」を確約、子どもを守る会、国、森永乳業による三者会談が実現し、全被害者を恒久的に救済するため「三者会談確認書」が締結されるに至った。

私にとってこの事件は、国と大企業が公然と弱者を切り捨てていった憤懣と、真実を明らかにしていくことの重みを想起させられる象徴的な出来事として強く印象に残っている。その問題に関わる人々が諦めても、現にそこに問題は存在し続け、当事者は逃れることができない。そのことを忘れてはならないと思う。事件としては決着がついたように見えるが、後遺症をもった人の生活と家族の苦しみは今も続いている。

公衆衛生看護は、看護の視点から人々の命と暮らしを護る役割をもつ。それを実現するには、人々と直接出会いその生活の現実と声を汲み取っていくことが不可欠だと考える。前述の丸山博教授は言う。「今何ができるかでなく、何をなすべきかを見つけるために――大衆に密着し地域に入り込もう」「保健婦事業が住民生活から遊離していく危険をはらんでいる。保健婦は住民の中へ、住民の中で」。

時代が変っても、保健師活動の基本理念は変らないと思っている。

健康マイノリティとは、森永ひ素ミルク中毒事件の子どもたちのように、今ここに中毒による重篤な健康問題が起こっているにもかかわらず、高度経済成長のなかで大企業を守ろうとする国の姿勢や科学的根拠というあいまいな原因追求、補償・責任問題の陰で、最優先しなければいけない子どもの命が置き去りにされている、このような実態をいう。そこに明らかに健康問題が起こっていながら、政治的・制度的・経済的な価値観などによってそれが覆い隠されてしまうことである。

これは決して過去の特別な出来事ではなく、水俣病、ハンセン病、薬害エイズ、精神障害等、過去も現在も多くの例を挙げることができる。今まで述べてきた認知症者とその介護者、自閉症者とその母親の実態も同様である。原因も治療方法も未確立な病気や障害にかかり、社会的な支援体制が不十分であっても、病気をもつ人や障害者、家族はそれを投げ出すわけにはいかない。家族は自分の生活と心身の負担を引き換えに、認知症者や自閉症者の二四時間・三六五日の生活を長年維持してきたのである。

家庭という限られた空間の中に、認知症者の介護者、自閉症者の母親の健康問題と社会が果たすべき責任が封じ込められてきたのではないだろうか。そこに起こっている健康問題が、〝限られた人の問題〟という理由だけで見えにくいのではなく、見えなくさせている社会的な構図があるといわざるをえない。

このような封じ込められた世界を、見えるものにしていくにはどうすればいいのだろうか。

病気や障害をもっている人が、あるいは養育や介護をしている人が、社会的な条件が整わないために被っている問題を顕在化し、社会の中に表明していくことが不可欠だと考える。体験者こそ問題解決のために何が必要かを知っている存在であり、その人たちでなければわからない問題、その人たちでなければ気づかないニーズがある。自分たちがおかれている現状を、変えていきたいという動きが、その人たち自身を、周囲の人を、そして社会を変えていくことにつながると信じている。

そのためには、問題の渦中にいる人々自身の現状に対する意識化と地域住民がその問題を意識化していくプロセスが必要なのではないだろうか。問題の渦中にいる人たちが、その問題を意識化していないはずはないと思うかもしれないが、病気や障害は〝自分の子どものこと〟〝夫のこと、両親のこと〟というようにわが家に起こった個人的なことと受け止めて、日々の生活が大変でも、それが〝社会のサポート体制が整わないから起こっている問題〟とは考えず、家族内の問題として受け止めていくのである。

自閉症児の母親が「ほかの家から見ればおかしなことでも、それがわが家では当たり前の生活」と語ったように、その生活が日常化することでその状態が当たり前になり、問題が問題として感じられなくなっていく。P.フレイレ（一九七九）は意識化(conscientization)を、「抑圧された人々が、自らの抑圧された状況を理解し、自覚的、主体的にその状況を変革していく過程」とし、対話を通して、「不可避的な天命と考えていた個人の生活に存在する抑圧的な部分と向き合うことで自己を解放し、社会的・政治的な矛盾を認識し、現実を変えうる自己の潜在能力を認識していくこと」、としている。その人たち自身が、何故自分がこのような状況におかれているのか、自分を取り巻く環境と自分のかかえている問題との関係を理解し、〝しかたがないこと〟〝変えようのないこと〟ではなく、自分たちのニーズに対して自分たちもこの社会の矛盾や現実を変えていけるかもしれない、変えていきたいと思って行動していく、これが意識化のプロセスだと考えている。

介護者や養育者が自分たちの生活を意識化していくプロセスは、同じ仲間との出会いによりはじまり、そのグループメンバーの相互作用によって封じ込められた世界を外に開く活動が実現していく。そのグループの活動が、専門職や社会の人たちの意識に影響を与えていくのではないだろうか。専門職は、そのグループ活動とともに歩み、そこからの発信に触発されながら自分たちの活動を問い返し、豊かにしていく必要があるのではないだろうか。次に示す活動がそれを物語っている。

1　代弁者としての家族――制度的な解決の手立てがないとき、家族が動き出す

本著で紹介してきた対象者は、社会的なサービスや病気や障害に対する理解が専門職にも一般の人にもない時代に、子育てや介護を経験してきた人たちである。当時の保健・医療・福祉・教育に携わる人は、病気や障害に対する情報が少ない中で、一般論としての理解はできても、病気や障害を持つことで日々の暮らしがどのようになっていくのか、どのようなことが起こり、どのようなことに困るのかなど、個人差が大きい人たちの具体的な生活を理解していくことは容易ではなかっただろう。ましてその人にあった具体的な支援を考えていくことは難しく、結果的にその役割を家族に押し付けてきた経緯があるのではないか。

家族は、個人でまたは家族同士で団結し、なんとか地域の中で安心して生活できる条件を整えようと奮闘してきた。社会的な支援の得られない時代には、その願いは切実だっただろう。〝我が家に起こった出来事〟から始まり、家族の会で戸惑いや不安、理不尽な感

情を受け止められながら病気や障害のことを納得し、そこで様々な情報を得て社会的な制度の実情を理解していくうちに、自分の家族のことだけでなく、家族も含め共通した問題があることやその解決に向けて取り組んでいく必要性を感じていったようである。本人が自分の意思を表明しにくい人にとって、代弁者としての家族の存在はより重要であるといえる。

1 はじけるようなアドボカシー——認知症者家族の会

はじけるようなアドボカシーとは、介護者が自分たちの意思を社会に向けて表明し、抱えている問題を解決しようという必要性に迫られた行動である。

認知症者家族の会は、認知症に対する理解や社会的サービスのない一九八〇年代初めに、介護に悪戦苦闘している人たちが、同じ仲間と出会い情報交換や認知症の知識を得ることで支え合うことを目的に発足した。看取ってから入会し、会の代表になった人は、「自分のときは何もなかった。今、看ている人に相槌くらいはうてると思った」と同じ体験をしてきた人がその思いを共有できる場の必要性を痛感し、その役割を担っていった。

集まった人たちはみんな普通の主婦で、会の運営は誰もが未経験。何もない所からの出発だったが、「ぼけについてわかってもらいたい一心でやってきた」「私たちが声を出して何かやっていかなきゃ」という介護者の願いは切実だった。

会の活動として真っ先に取り組んだのは、相談会だった。まだ、行政にも相談の場がなかった時代に、介護者が安心して相談できる場を開いていった。さらに、認知症を理解していくための学習会、介護の大変さや情報を交換する懇談会、会員の声やサービスの最新情報を伝える会報、補助金を得るための行政との折衝、専門職や住民に向けた啓蒙活動など、様々な活動に取り組んでいった。

相談会や懇談会の場を通し明らかになった、多くの介護者や認知症者の生活上の問題や悩みは、学習会や会報を通して共有し、解決の方法を模索していった。介護体験者として、専門職や住民に向けた研修会の講師依頼は多いときで年間二〇〇回にものぼった。活動当初は特に、医師や看護職、福祉職など実際に認知症者に出会い、支援する立場にいる人たちに対する研修が多くあった。介護者が専門職を育ててきたのである。それだけ認知症者の具体的な日常生活は予測がつかないことであり、体験者の対応の知恵も必要だったということである。また、地域で新しく始める相談会の相談メンバーとして参加を求められたり、認知症に関する委員会の委員として依頼や、行政のパンフレット作りへの協力などを行っていった。〝普通の主婦〟だった人たちが、大勢の人の前で介護の体験を話し、委員として意見を求められたのである。介護者はその場を通して、認知症や介護者の実態を訴えていった。

当時の役員は活動を振り返りこう語った。「そのときに必要だからやってきたこと」。それはあたかも、それまで封じ込められていた介護者の切実な願いがエネルギーとなり、それがはじけ飛ぶように会の活動の源泉となっていった。

2 キャラバン隊がゆく――知的障害者家族の活動

日本自閉症協会は、二〇〇四年に一般社会の人たち三〇〇〇人の自閉症に対する意識調査を行っている。その結果を見ると、自閉症という名前は九割近くの人が知っており、知ったきっかけは新聞・テレビ・学校の順で、自閉症についての理解では若い層の約三〇%に誤解があることがわかり、正しい理解へつなげていく必要性が述べられていた。また、障害福祉の必要性はわかるが、直接関わることは反対、という結果もあり、まだまだ障害児・者に対する差別や偏見が色濃く残っている日本において、障害を理解するための活動は不可欠である。

国際連合は、二〇〇八年に四月二日を〝世界自閉症啓発デー〟と制定した。国連は、万人の普遍的人権という基本理念にもとづいて、発達障害を含む障害者の権利と福祉を推進してきた。自閉症やアスペルガー症候群の人たちが社会の中で充実した人生を送れるよう、理解と関心をもち、日常的なサポートがさまざまな形で実現することを目指している。これを契機に、内実のある啓発活動につながっていくことを期待したい。

啓発活動に対するイメージを広げてくれる活動に出会った。神奈川県の座間市「手をつなぐ育成会教育部」が地域啓発活動として始めた「キャラバン隊」の活動である。

全日本手をつなぐ育成会は、知的な障害のある子どもさんの親が、子どもの幸せのために全国の仲間が手をつなぎ、施策の充実を求めて呼びかけをしていったことから始まる。現在会員は正会員・賛助会員合わせて三〇万人以上にのぼる（全日本手をつなぐ育成会ホームページより）各県に支部を持つ全国組織である。

キャラバン隊は、二〇〇八年四月から座間市手をつなぐ育成会から独立して、「座間キャラバン隊」として活動を開始した。その公演会に参加して、お母さんたちが持つさまざまな個性や能力が随所に発揮され、熱い思いが伝わってくると同時に心が動く体験だった。キャラバン隊は、平成一五年にダウン症と自閉症の子どもを持つ親がコアメンバーとなり、知的障害、発達障害を知ってもらうために始めた活動である。

きっかけについてメンバーのAさんは語る。「息子が小学六年生のとき、うちに帰るやいなや〝お母さん、今日学校ですごく嫌なことがあって〟と言うのです。学校にいる自閉症の子が廊下をすごい勢いで走っているのを見て、クラスの女の子たちがその子をばかにしているのを聞いて自分はすごく嫌だった、と。自分はダウン症の妹がいるから、ダウン症のことについて多少はクラスメイトに話してあげられるけれど、自閉症の子のことはわからないから、そういうとき、何てしゃべってあげたらいいの？と私に聞いてきた。子どもたちがばかにしてしまうのは、障害について知らないだけなんです。そういう子を子どもたちがばかにしてしまう傾向は、今世間一般の常識ですが、障害の子がなぜその行動をとるのか、その理由を子どもたちに話してあげた方が、障害の子への理解に通じる早道だろうと考えました。私たちが直接話してあげたら、その子たちが変わるかも知れないと思いついたんです。二〜三日後、家庭訪問に来た息子の担任の先生にお話しすると、喜んで引き受けてくださいました。その後、二週間後にやってほしいと学校から依頼が来て、そのときに集まったのが、今のキャラバン隊のメンバーです」。

その後、PR活動を行ったわけではないが、口伝えで知った人たちから次々と公演依頼があったという。対象は、小学生とその保護者、中学生、高校生、短大生、大学生、教職員、社会福祉協議会、親の会、私鉄職員、看護職など多岐にわたり、多いときで月五回の公演活動を行ってきた。興味深いのはその内容で、①体験（ピカチュウ王国、ペットボトルで見てみよう、軍手で折り紙）、②自閉症・ダウン症の話、③母の気持ち、の三つのパターンが組み合わされていた。対象が小学生のときは、子どもたちの気持ちをつかむ、あきさせない、体験的に理解するなどが工夫され、対象に合わせてその内容も変えている。公演会の内容もDVDにして希望者に見てもらえるようにするなど、地域に開かれた活動を展開している。

キャラバン隊のメンバーは、それぞれに子育てや仕事をしながらこの活動に取り組んでいるのである。並大抵なことではないと思う。行政に対しては「結局、親がやるしかない」「行政はもっと親と直接話し合った上で制度を構築してほしい」「保健師さんは最初だけ来てくれますが、その後のフォローがない。不安なのでその後も来てほしいのです。寄り添ってくれる暖かい空気があるだけでずいぶん違う」と意見を述べていた。キャラバン隊の活動に対しては「自分が歩み寄ることで周りも歩み寄ってくれる体験をした」「親として先に歩んできたものとして、後に続く人がよりよくなるよう努める役割があるのではないか。いろいろな法律が変わってきても、周りの人々に理解を求めることを変わらずにやっていけば、私たちが戸惑ったときにも周りの人が助けてくれ、優しい目で見てくれる、一番そこが基本じゃないかと思います」とこの活動を意味づけていた。

キャラバン隊の活動は、子どもたちに障害を理解してもらう活動から始まり、子どもの保護者や教員、専門職や一般の人たちへと共感や理解の輪を広げていった。キャラバン隊のキャッチフレーズは〝みんな違ってみんないい〟。障害があっても、みんなそれぞれに頑張って生きている。それをわかってもらうためにメンバーは実にエネルギッシュに、明るく、淡々と活動をしている。わが子だけでなく障害を持つ子どもたちが現在、そして将来、地域で安心して楽しく暮らしていくための活動でもあった。

専門職が当事者から学ぶことの重要性を、私自身は経験してきた。支えられながら活動をしてきたといっても過言ではない。体験している人には体験者としての専門性があると思っている。専門職などの当事者を支援する人たちは、その人たちが多くのニーズを発信できるよう、そしてそれを受け止めながらそれぞれの専門性が発揮できるよう、当事者とともに歩んでいくことが求められるのではないか。

2 代弁者としての専門職

1 問題発見システムとしての機能

当然のことではあるが、医療・保健・福祉サービスは、それを必要としている人々のために存在する。その人たちにどんな実態があり、何が問題になっているのかを明らかにしないままの活動は実効性がないと思っている。もちろん問題が明らかになったからといって、それを解決する方策がすぐ実現するわけではないが、現在あるサービスを使いやすく工夫することや必要ならば新たなサービスを提案し、つくっていくということも必要になってくる。それでも予算やマンパワーなど現状の限界はある。しかし、今あるサービスの範囲内で解決策をとどめ、それ以外のものはできなくても仕方ない、と諦めるのでなく、本来はこうあるべきだが、現状はここまでしか実現していないということをしっかり認識しておくことが大事だと思っている。社会的な制度が整っていないとき、家族がそれを補っていくことが当たり前、病気や障害をもったときあるいは介護をしているとき、普通の生活が送れなくても仕方がない、という意識で問題を覆い隠したくないと思う。

保健師は、家庭訪問や相談、健診、家族会、親子教室などの活動を通し、個別のかかわりの中で知りえた病気や障害をもつ人や家族の生活上の問題、健康上の問題を束ね、それを明らかにしていく責任がある。特に問題の渦中にいて、自分の実情を訴える余裕のない人、親だから・家族だから大変なのは当たり前と問題を意識していない人の実情や、このままだと問題が起こることが予測される場合など、見えにくい問題の顕在化である。これらを可能にするためには、対象者と直接出会い対象者の生活実態を深く理解することが不可欠となろう。

家庭訪問はそのような機会として重要である。対象者の生活実態を深く理解するには、今までの生活体験プロセスをきくことが有効だと思っている。たとえば自閉症者の母親は子どもを育ててきた過程でいつどんな出来事に遭遇したか、それをどう受け止めたか、それをどう乗り切ってきたのか、現在の心身の状態はどうか、心身の状態に影響を及ぼしたのは何だったか、このままにしておくと何が起こるかなどである。その生活体験のプロセスを聞いていくことで、同じ立場にある人に共通した悩みは何か、どのような生活を送ることになるのか、どの時期にどんな支援が必要なのか、など解決すべき問題や取り組むべき課題を見つけることができるのである。とりわけ健康問題の発見や予測は、保健師が行うべきことである。当事者のニーズを顕在化し、問題を発見して必要な対策を生み出していくことは行政に働く保健師の役割だと思う。

2　自閉症者の健康支援の取り組み

自閉症児・者に対する保健師の支援は、幼児期に健康診査や家庭訪問、フォロー教室などを通し、診断や療育に結びつくまでの間、両親の不安な気持ちを支え、必要な情報の提供や家庭での育児について支援を継続してきた。しかし、療育に結びついた後は福祉・教育にバトンタッチする形で支援が途絶えてしまうことが多い。就学中は主治医や養護教諭、教員など健康面でも相談や支援体制があるが、養護学校卒業後の支援体制は希薄になり、保健師が自閉症の人たちと出会うことはほとんどないといっていいのではないか。特に成人期以降の自閉症者の健康管理は、家族が全面的に担っているといっても過言ではない。

自閉症者が成人期以降に起こる健康問題として、偏食や拒食など食行動に関連する問題や（星野仁彦 一九九二；永井洋子 一九八三；Raaiten D.J., Massaro.T. 1986；杉山登志郎 一九九四）、肥満（杉山登志郎 一九九一；高橋修 一九九二）など生活習慣病の罹患の多さや長期服薬による肝機能障害などが報告されている。また、体調の変化を発見することの難しさや検査・診察、治療を受けることの困難さ、生活改善の難しさも含め健康管理をしていく上での課題も指摘されている（杉山登志郎 二〇〇一；有馬正高 一九九八）。しかし地域で生活する自閉症者の健康上の実態はあまり明らかにされていないことから、地域で生活する成人期自閉症者の日常的に起こる健康問題の調査を実施し、その結果をもとにした健康支援の取り組みを紹介したい。

この調査は、第3章で紹介した自閉症者の母親の健康調査とあわせて実施したものである。

●……自閉症者の健康調査から

調査の対象は、神奈川県、東京都、千葉県の自閉症協会に加入している自閉症者（一八歳以上）の主養育者四〇〇名で、母親を通して自閉症者の健康状態を調査した。回収数二一四名、回収率五三・五％、自閉症の人の平均年齢は二七・五歳（一八歳～四三歳）で、療育手帳の等級は最重度・重度がおよそ七〇％を占め、家族とのコミュニケーションのとりにくさは八五％の人にあった。

自閉症者の現在の健康状態をみると、現在治療を要する病気がある人は六一・二％で、その主な内容は、てんかん二五・七％、歯科疾患一七・三％、皮膚科疾患一三・三％、眼科疾患五・六％の順だった。健康診断を毎年受けている人は一八八名（八七・八％）、ほとんど受けない・全く受けない人は一三名（六・一％）。健診結果で異常のない人は半数で、残りの半数は何らかの生活上の注意や治療が必要な人だった。その内容としては肥満が最も多く、要注意者の約半数を占め、次いで肝機能障害、高脂血症の順で、肥満度は年齢がすすむにつれ高くなっていく傾向があり、三〇歳以上では四八・一％がＢＭＩ二五以上だった。これは平成一四年度国民栄養調査のＢＭＩ二五以上の人の全国平均（二〇歳代男性一七・五％、三〇歳代男性二一・二％）と比べても高い値である。

肥満の多くは、運動不足と過度の食事摂取による単純肥満といわれている。自閉症の人の八割が、屋外での活動に家族の同行が必要である。運動のために家族が付き添うには限界があり、運動を日常的に行うためには、障害者が気軽に利用できる運動施設や運動トレーナー、スポーツガイドヘルパー等の支援が必要なのではないかと考える。食事については、生活習慣をつくっていく幼少時期からの取り組みが重要だと考えるが、その時期は障害を診断され、家族が大きな戸惑いや不安を抱えている時期でもある。幼少時から家族を直接的に支え、見通しを持ちながら長期的にかかわっていく機関や専門職の存在、日常的な相談の場が不可欠である。

過去三年間に、病気やけがで受診した経験がある人は一八〇名（八四・一％）、受診理由として最も多かったのは風邪と虫歯で、約半数の人が経験していた。次いで精神的に不安定、てんかんの順だった。受診時に困った経験がある人は八〇名（四四・四％）で、その内容として、「検査や診察を受けるのが大変」「受診を嫌がる」が上位で、「適当な病院が見つからなかった」「受診を断られた」などの経験のある人もみられた。

また、受診が必要と思いながら受診しなかった経験のある人は三〇名（一四％）で、その理由は受診時困った経験と同様だった。このためらいは、受診の困難性を象徴している。自閉症者の行動特性や家族の個人的な問題ではなく、診療を受け入れる医療機関の有無、交通手段や付添い、専門職の病気や行動への理解などの条件の影響を受け、その結果として起こったと考えることができる。次の事例はそれを示している。

●三一歳、男性。病院に連れて行くのをためらう経験はいっぱいある。普通の風邪はほとんど。脱水とか熱が下がらないとかおかしいなっていう時は行く。治っても余分に薬をもらっておいて取っておくようにしている。一番ひどかったのは子どものころ高熱を出し、救急車で病院に行って、点滴をするのに八人がかりで押さえつけられ、八か所以上も刺され、もう怯えて怖がった。その後病院に通院するのに四苦八苦した。歯医者にも何度も治療を断られた。最近も中耳炎で耳鼻科へ連れていき、先生二人で羽交いじめにして治療をした。病気をしないよう注意をする一方で、スナック菓子類が好きで、そういうのもね、調整してどうなるの？　その楽しみ奪ってまでね、長生きさせて一人ぼっちにさせるのもかわいそうだなって正直思いますよ」。

また、病気やけがで入院した経験は二〇名（九・四％）の人にあり、常時付き添う、個室に入る、医師・看護師に理解を得るための説明等を行うなど、入院を継続するために様々な努力が行われていた。入院は突然起こる可能性があり、かかりつけ医に入院できるとは限らない。医療従事者の障害に対する理解が得られない場合、治療が十分受けられないばかりか、自閉症者、家族の心身のストレスは計り知れない。

この受診に関する調査結果は、自閉症の人が地域で暮らしていくために不可欠な、健康を護っていく担い手が、家族の努力に大きく依存しているということを示している。制度的な不十分さを、家族が体験的に積み上げてきた対応策で乗り切っている状況がここに現れている。医療従事者の人たちの自閉症に対する理解を広く深めていくことは重要課題だと考える。

●……自閉症者の受診支援の試み

自閉症者の健康は発見の難しさだけでなく、健診で生活改善や日常生活上の注意が必要であることがわかっても、自閉症の人たちのための指導プログラムが用意されているわけではなく、家族に健診結果を伝え家族任せにしている現状があった。また、日常的に起こる病気に対する受診の困難性も見逃せないことである。これらの結果を踏まえ、日常的な病院受診に着目し、自閉症者の受診への不安の解消と、看護・医療職の受診対応に対する理解を広めていくひとつの試みとして、ＩＴを活用した健康支援プログラムを作成した。

ひとつは受診機会の多い歯科に焦点をあてた「歯科受診プログラム」である。診察室の中の様子や治療用の器材、どんな人がいるのか、何をするのか、受診のプロセスを写真で示し、歯科受診をする前に、自閉症児・者が見ておくことで不安を和らげようとするものである。

今までも、歯科医師、歯科衛生士などが中心となり、絵カードなどによる工夫が試みられていた。「歯科受診プログラム」作成の意図は、そのプロセスで地元の歯科医師会の協力を求めて関係をつくること、ホームページ上に掲載することで多くの人の目に触れ、それ自体が啓発活動になるのではないかと考えた。

実際の作成にあたっては、自閉症児・者の親御さんから多くの意見と改善への知恵をいただき、この作成過程自体が私自身の理解を広げる機会にもなった。もうひとつのプログラムは、医療職・看護職に向けた「自閉症者の受診支援プログラム」である。受診が必要になったとき一番の理解者であってほしい人たちに、自閉症児・者が受診したときにどのような配慮をしてほしいか、対応の工夫や自閉症の基本的な知識を盛り込んだものである。これもホームページ上に掲載した。多くの人の目に触れることと、もっといい工夫ができると思ってもらえることが狙いでもある。

https://www.E-care-project.jp/HRC/entity/chiteki/program.html

健康調査の結果とキャラバン隊の活動に触発されて、ささやかでも具体的に行動を起こすことが大事だと考えた結果である。

認知症者家族の会の活動やキャラバン隊の活動は、家族が本人の現在そして将来の生活を見通し、たとえ家族がいなくなっても安心して暮らしていけること、幸せに暮らしていけることを願っての活動だった。家族もまた介護・養育だけでなく、一人の人間として、健康で幸せに生きていく権利がある。どう考えても、健康を害しながら倒れるまで頑張って看続けなければいけない生活、介護・養育のために自分の人生をあきらめていく生活はおかしいのである。もっとおかしいのは、そういう状況が起こっていることを知っていながら、仕方がないと思ってしまう専門職や周囲の人々の意識である。認知症者の介護や自閉症者の養育をすることで起こっている問題は避けられないものではなく、社会のありようで問題が問題でなくなることがある。つまり、問題はその社会の反映、結果としてつくられるものなのである。誰もが幸せに生きる権利がある。それを護るために、見えないものを見えるものにしていく活動が是非とも必要なのである。当事者の声に耳を傾けその思いを知り、社会的対策を進めていくことが重要なのではないだろうか。

3　ゆるやかなつながりを地域につくる

サンドイッチのおいしい喫茶店があり、時々出かける。もちろんサンドイッチも目当てで訪れるのであるが、そのお店に行こうと決めたとたん、そこの店員さんの笑顔が目に浮かぶのである。彼はダウン症だが、そのとびきりの笑顔に、訪れる人もつい笑顔を誘われる。その店では、近所の高齢者の人が通ってきてゆったりとお茶を飲んでいる姿をよく見る。落ち着く、ほっとする空間だからだろう。彼がその仕事に誇りを持っていることは見ていてもわかる。笑顔だけでなく、そんな姿が心地よい空間を作っているのかもしれない。お店が混雑して注文が殺到しそうになると、常連さんは注文のタイミングを見計らう。そんな無言の配慮に、その場にいる私まで幸せな気分になる。この喫茶店の店員とお客という関係は、一歩外に出てもきっと道で出会えば「これからお仕事？　行っていらっしゃい」「いってきます」の関係につながっていくのではないだろうか。

月に二回、公園の清掃ボランティアを行っているグループがある。近所の子どもたちが遊び、散歩途中の人たちがベンチに立ち寄る緑の多い公園である。その中を清掃道具とごみを入れる袋を持った自閉症の人たちが行き来する。この公園ではもうなじみの風景で、時折「ご苦労さん」「ありがとう」の声がかかる。

S作業所の夏祭り・秋祭りは、近所の人も心待ちにするほど評判がいい。格安で品数の多い食器や日用品、衣類のバザー、近所の農家の人が販売する野菜、作業所の利用者と職員で作る豚汁や焼きそば、近くの作業所で作っているパンやクッキー、そして手織りや手染めのタオル・ハンカチの数々。作業所の利用者も職員も両親も地域の人も、一緒に準備し当日にこぎつける。一日中明るい声が響いている。

これらの活動は、初めから地域の人たちに受け入れられていたわけではない。地元の自治会に何度も説明に行ったり、チラシで地域の人に周知したり、多くのボランティアの協力を得たりしながら、時間をかけて今に至っている。現在は、障害者がそこにいることが自然な事として、地域の人から受け入れられている。喫茶店や作業所、ボランティアグループの一員としての位置が地域の中にあるのである。地域には、同じような活動をしている所がたくさんあるだろう。それらの場が、地域に孤立することなく、日常的な生活に自然と入り込んだつながりができていくといいと思っている。これは、日常的な出会いの体験をする場でもある。このようなゆるやかなつながりは、地域における見守りの目を作っていく。

身近に自閉症の人や認知症の人がいない人たちが、そのことについて関心が向けられるようにするにはどうしたらいいだろう。啓発活動も重要だと考えている。認知症や自閉症について知らないことがもたらす誤解が多く、きちんと理解されることで障壁が和らぐと考えているからである。認知症の周知度はかなり変化してきているのではないかと感じるが、自閉症はまだまだこれからの感がある。具体的な啓発活動ではすでに紹介した、キャラバン隊の活動がひとつの例である。キャラバン隊の公演活動は、子どもたちが将来、地域の中で安心して暮らしていけるようになる事を願って、理解してくれる人を増やしていくために始めた活動だった。小学校、中学校、高校、短大、大学、企業とその対象年齢と対象者層は幅広く、そこで知り合った人たちがまた次のつながりを作っていく、という広がり方をしている。公演会に参加した人たちは、今まで電車やバスの中、学校、あるいは路上で出会う自閉症やダウン症の人に対し、遠巻きにして無関心だった人が、関心を持ってあるいは理解の目をもって見守ってくれる存在になってくれるのではないかと思っている。この変化は大きい。

キャラバン隊の活動も飛び火し、いくつかの県で新たな活動が始まると聞いている。通り一遍の知識の伝達でなく、体験をもとにした親の気持ちや具体的な内容が聞く人を引きつけるのだろう。

認知症者や自閉症者に対する制度化されたサービスは、三〇年前と比較すれば確かに増えてきている。しかしそのような制度があっても、介護者や母親の悩みは変わらずにある。自閉症者とその母親、認知症者とその介護者が、地域社会から孤立したり排斥されることのないよう、見守る、気遣う存在が地域の中に幾重にもつながっていくことが必要なのではないだろうか。人は人との関係の中で変わっていく、そう信じている。だからこそ、日常的にゆるやかに地域の中でつながりをつくっていくことが大切だと考える。

おわりに

〝不平等な命〟——有馬正高氏らの本のテーマは衝撃的だった。知的障害の人たちの健康調査結果について報告されたもので、その内容にも驚いたのだが、このテーマから連想する人たちが目に浮かんだからである。

ずっと頭痛を訴えていた自閉症のA君、過去の経験から病院の受診に抵抗があり、ようやく受診した病院の診察室で、落ち着かなくなって大声を出した。それを見た医師は、これでは診察も検査もできない、薬を出すからそれを飲んで、と処方箋を渡された。後に別な病院で脳腫瘍が進行していると診断され、もう少し早ければ手術ができたのにと言われた。不正出血が続く女性が婦人科を受診した。もうどうせ使わないんだろうから、子宮をとってしまおう、と言われた。このような例は他にもあるが、障害者の人権や命をどう考えているのか、その場に一緒にいた親御さんの気持ちを考えると胸が痛む。家族もまた同様である。重度の知的障害をもった自閉症のわが子を、治療の方法がないと医療機関から言われ、自分を責めながら子どもに寄り添ってきた母親が、自分の体調不良を隠し、手遅れのがんだと分かっても子どもから離れようとしなかった。母親はどんな思いで終末を迎えたのだろう。高血圧のある高齢の妻が、認知症の夫の介護を始めた。優しかった夫が暴力を振るうようになり、夜も眠れなかった。思い余ってショートステイを申請するが、一か月待ちだった。子どもはなく、自分が看るしかないと思った。そして脳梗塞で倒れた。

決して特別な例ではないと思う。今回、インタビューさせていただいた方たちの中にも、長年にわたる毎日のストレスが心身に影響を与え、それが加齢に伴って表出してきていた。「心臓が悪いから入院しましょう。このままだと責任が持てませんよ」と言われても、子どもがいるからと、入院しなかった人。手術をして予定より早く退院してしまう人。介護者の治療を中断している人。自分が倒れるまでは保健・医療・福祉サービスは使えない、と思っている人。過去に出会った人も含め、何人もの人の顔が思い浮かんでくるのである。その人の命が削られている現実がそこにあるのに、それが放置されているのである。母親や介護者の健康と命は誰が護っていくのだろう。そして社会の人たちにはこういう実情があることは見えてこない。

介護保険制度が始まり、障害者自立支援法が施行されて、個々の状態に応じた福祉サービスの利用量が決められ、必要なサービスを利用者が選択できることになっている。利用できる最大限のサービスを利用しても、それでもなおかつ補いきれないことがある。特に意思の疎通が難しい状況にある人は、いつもそばにいる人が表情や顔色、行動や会話を観察しながら、生活をトータルに見て、起こりうることを予測し、より安定した状態、より快適な状態を維持するための目配りや気配り、見守りや具体的な手助け、言葉かけを行い、他者との仲介役を担っているのである。活用できるサービスがあっても、サービスの不足も含めて、その狭間を埋める母親や介護者のアメーバー的な役割は欠かせないのである。しかし、サービスを利用していればそれで問題は解決したような錯覚に陥ってしまうことがある。子育ては母親の役割、介護は家族の役割、という価値観と相まって、狭間を埋める母親、介護者の果たしている役割は当然視されて、周囲からは見えなくなってしまうのである。この長期にわたる途切れのない介護・養育の月日が、母親や介護者の心身に影響を与えていることは言うまでもない。

ある自閉症者の親の会のリーダーは、「本人のことはみんなが考えている。親や家族のことは誰も考えてくれない。生涯通しての支援、家族丸ごとの支援をしてほしい」と訴えていた。介護保険制度も障害者自立支援法も、家族が支援することを前提にしている感はぬぐえない。母親・介護者個人に着目したケアを強化していくことは切実な課題である。

認知症介護者の会の懇談会で、それぞれが介護の大変さを語り、重い雰囲気になっていたときに、すでに看取った体験者が「私なんか、何度もこの人の首を絞めたろかって思ったわよ。もう看たくないって何度も宣言したわ。そんなことない？」と参加者を見回したのである。すると「あった、あった。口には出さなかったけれどね」「私だけじゃなかったんだ。もういやーって何度も思った。でもそう思う自分が悪い嫁に思えてまた落ち込むんだけれど」。この懇談会は、投げ出したい、もう看たくないという気持ちを思う存分言い合う場になった。最初に発言した体験者は知っていたのである。自分が看るべき、良い介護をすべきという介護者自身の価値観は、自分自身を追い込んで苦しめることになり、介護そのものもうまくいかなくなることを。「みんな精一杯介護している、そういう自分をほめてあげなければ」と最後に締めくくっていた。

保健・医療・福祉に携わっている専門職は、頑張っている母親や介護者を〝良く頑張っているいい介護者、いい母親〟と評価し、それを美化し推奨するような意識はないだろうか。〝もう投げ出したい〟と思っている人を非難する意識はないだろうか。特に親に対してはその意識は強いと思う。その役割は、本当は社会が担うべきなのに、それを上手に家族にすり替えていることはないだろうか。母親や介護者個人の人生、人権を保障されない中で担っている介護や養育は、投げ出したい、もうやめたい、という訴えが起こっても当然のことだろう。それを言ってもいいと思える条件が整っていないから、口をつぐんでいるのではないだろうか。

事実は人の心を動かすのだと思う。そしてその動いた心が行動を変えていくのだと思う。森永ひ素ミルク事件のように、国や企業がその責任から逃れても、障害を負った子どもと家族の生活は続き、当事者はその苦しみから逃れることはできない。一四年という歳月が経った後に、そこにある事実を世間に表明していくことで、この事件をもう一度真の責任を問う検討の組上に引き戻したのである。社会の権力や政治的思惑に対し、そこにある現実から目を背けずに、屈しなかった人たちの行動から大きな勇気を与えられた。

保健師は、人々の生活の中で起こってくるさまざまな事実と向き合い、解決すべき問題を見出しながら必要感に迫られて行動していく存在だと考えている。仕事を通して出会った、声を上げることができない人たちや、解決が困難な問題を抱えその困難さゆえに置き去りにされてしまいそうな人たちの代弁者になっていく存在であることを忘れてはならないと思う。その事実との出会いの深さがとても大切になる。認知症の場合がそうであったように、自閉症についての理解は専門職といえども十分とはいえない。個人差が大きく、具体的な対応についてはどうすればいいか戸惑いも大きいと思う。しかし、これまでに述べてきた母親の健康問題の深刻さに目を向け、それぞれの場でその実態を明らかにしていってくれることを期待したい。

時代が変わっても「保健師は、住民の中へ、住民の中で」なのである。

一冊だけ本が書きたい、ここ数年漠然とそう思っていた。保健師として働き始めてから現在に至るまでの間に、多くの人たちとの出会いがあった。そして七〜八年前から、認知症の方を介護する介護者や、自閉症の方のお母さんにインタビューをさせていただく機会を得た。そこから知り得たことは、重くて長い一人ひとりの経験世界だった。その現実を伝えていくことが、唯一今の私にできることだと思った。無謀にも、本を書いてみたいと思ったのはそんな理由からである。実際に書き始めると、お話を聞かせていただいた介護者の方やお母さんの語り口調や表情、その時の情景が目に浮かんできた。止めるわけにはいかなかった。この本を綴らせてくれたのは、介護者の方、お母さんたちだと思っている。改めてインタビューに応じてくださった皆さん、家族の会の皆さん、施設の皆さんに心より感謝申し上げたい。

この本はまず、保健師はじめヒューマンサービスにかかわる人たちに届けたい。この中に登場した人たちのメッセージの内実を、確かに受け取ってくれるであろうという期待と願いからである。

そして、今、認知症の方を介護している方や自閉症の子どもさんと日々格闘している方たちにも、経験者のメッセージを受け取っていただきたいと思っている。

さらに、認知症や自閉症は今の自分には関係がない、と思っている方、そういう方に読んでいただけることが本当の願いでもある。認知症や障害は誰にでも起こる可能性がある。そのときにどんな社会であったら安心して生活していけるのだろうか。地域にゆるやかなつながりができていく、それは誰にとってもやさしい街になっていくはずである。是非、隣人として関心の目を向けていただきたいのである。

最後に、ここに登場する人たちのメッセージを真っ先に受け止め、思いだけが先走って遅々として進まなかった筆を、プロの技で進めてくださった弘文堂の中村憲生氏に感謝したい。
私たちは誰もが、問題の渦中にいて身動きの取れない人たちの代弁者になりうる。

二〇〇八年七月

標　美奈子

引用文献

・杉澤秀博・中谷陽明・杉原陽子編著『介護保険制度の評価―高齢者の視点から』三和書籍、二〇〇五．

・木下康仁『グラウンデッド・セオリー・アプローチ―質的実証研究の再生』弘文堂、一九九九．

・Zarit, S., et al., "Relatives of the impaired elderly: Correlates of feelings of burden", *The Gerontologist* 20, pp.649–655, 1980.

・Morris, L.W, et al., "The relationship between marital intimacy, perceiveds train and depression in spouse caregivers of dementia sufferes", *British Journal of Medical Psychology*, 61, pp.231-236, 1988.

・朝田隆他「痴呆患者に対する介護者よりみた基本的介助状況評価表（ABCD）の作成」『公衆衛生雑誌』41（2）、105–113、一九九四．

・Pruchno, R.A., "The effects of help patterns on the mental health of spouse Caregivers", *Research on Aging* 12, pp.57–71, 1990.

・坂田周一「在宅痴呆性老人の家族介護者の介護継続意識」『社会老年学』29、37–43、一九八九．

・Lawton, M.P., et al., "Measuring caregiving appraisal", *J.of Gerontology* 44, pp.61–71, 1989.

・井上郁「認知障害のある高齢者とその家族介護者の現状」『看護研究』29・3、17–29、一九九六．

・山本則子「痴呆老人の家族介護に関する研究―娘および嫁介護者の人生における介護体験の意味」『看護研究』28（3）、178–199．28（4）、67–87．28（5）、73–91．28（6）、51–70．一九九五．

・Pearlin, L.I., "The careers of caregivers", *The Gerontologist*, 32, 647, 1992.

・Lindgren, C.L., "The caregiver career", *IMAGE*, 25, pp.214-219, 1993.

・木下康仁『グラウンデッド・セオリー・アプローチ―質的実証研究の再生』弘文堂、一九九九．

・Patricia Howlin（久保紘章・谷口政隆・鈴木正子監訳）『自閉症―成人期に向けての準備（Autism–Preparing for Adulthood）』ぶどう社、二〇〇二．

・中根晃『自閉症』日本評論社、二〇〇二.
・服巻智子「欧米に見る自閉症支援と日本のこれから」『ゆうあい』八号、二〇〇二.
・標美奈子「自閉症者の健康問題と家族への支援」『保健師ジャーナル』Vol. 61、No. 11、医学書院、二〇〇五.
・丸山博（自治体の働く保健師編）『保健師とともに』復刻・解説版、せせらぎ出版、二〇〇〇.
・森永ミルク中毒事後調査の会編『一四年目の訪問 森永ひ素ミルク中毒追跡調査の記録（復刻版）』せせらぎ出版、一九八八.
・森永ひ素ミルク中毒の被害者を守る会『森永ひ素ミルク中毒事件—事件発生依頼五〇年の戦いと救済の奇跡』森永ひ素ミルク中毒の被害者を守る会機関紙「ひかり」編集委員会、二〇〇五.
・パウロ・フレイレ（小沢有作・楠原彰・柿沢秀夫・伊藤周訳）『被抑圧者の教育学』亜紀書房、一九七九.
・日本自閉症協会「一般社会の人たちに対する三〇〇〇人アンケート調査」独立行政法人福祉医療機構研究助成報告書、二〇〇四.
・星野仁彦・小松文子・熊代永「幼児自閉症における偏食と食行動異常に関する調査」『小児の精神と神経』32、59-67、一九九二.
・永井洋子「自閉症における食行動異常とその発症機構に関する研究」『児童精神医学とその接近領域』14、260-278、一九八三.
・Raaiten, D.J., Massaro, T., "Perspectives on the nutritional ecology of autistic children", *Journal of Autism and Developmental Disorders*, 16, pp.133-143, 1986.
・杉山登志郎「障害児・者における食行動の問題」『発達障害医学の進歩』6、68-79、一九九四.
・杉山登志郎「自閉症の肥満に関する研究」『発達障害研究』14、52-58、一九九一.
・高橋修「地域で暮らす精神遅滞成人の健康問題」『発達障害直前の進歩』4、118-126、一九九二.
・杉山登志郎「自閉症児の健康な生活—静岡県の知的障害者養護学校に通う自閉症児の調査から」『発達障害研究』23、13-21、二〇〇一.

・有馬正高編集『不平等な命―知的障害の人達の健康調査から』日本知的障害福祉連盟、一九九八.

参考文献

・木下康仁『グラウンデッド・セオリー・アプローチの実践』弘文堂、二〇〇三.
・N・ベイントマン（西尾祐吾監訳）『アドボカシーの理論と実際』八千代出版、一九九八.
・中西正司・上野千鶴子『当事者主権』岩波新書、二〇〇三.
・野沢和弘『条例のある街―障害のある人もない人も暮らしやすい時代に』ぶどう社、二〇〇七.
・石川到覚・久保紘章『セルフヘルプ・グループ活動の実際』中央法規、一九九八.

【著者紹介】
標 美奈子（しめぎ みなこ）
慶應義塾大学看護医療学部准教授。
病院看護師、保健所保健師、神奈川県の保健師教員を経て現職。看護学修士。専門領域は地域看護。主な論文・著書に、『認知症者介護経験と家族の会役員活動をつなぐ内面的理由』（単著）日本老年看護学会誌、2005.『自閉症者の健康問題と家族への支援』（単著）保健師ジャーナル、2005.『家庭訪問による援助の展開』（共著）「標準保健師講座　地域看護技術」医学書院、2005.『乳幼児の発育発達と健康診査』（共著）「助産学講座 8」医学書院、2007.
最近の研究テーマは、認知症者・自閉症者・介護者の健康問題。ITを活用した健康支援。

健康マイノリティの発見

平成20年10月15日　初版 1 刷発行

著　者　標　美奈子

発行者　鯉渕　友南

発行所　株式会社 弘文堂　101-0062　東京都千代田区神田駿河台1の7
TEL 03(3294)4801　振替 00120-6-53909
http://www.koubundou.co.jp

装　丁　笠井亞子

印　刷　三美印刷

製　本　牧製本印刷

ISBN978-4-335-55122-2